NOTICE

SUR LE

COLLÈGE D'AGEN

DEPUIS SA FONDATION JUSQU'A NOS JOURS

(1581 — 1888)

PAR

PHILIPPE LAUZUN

AGEN

MICHEL & MÉDAN, ÉDITEURS

—

1888

A MES AMIS,

ANCIENS ÉLÈVES DU COLLÈGE

ET DU LYCÉE D'AGEN.

AVANT-PROPOS

A l'heure où la grave question de l'enseignement public donné à
la jeunesse, préoccupe si vivement les esprits, où les pères de famille, soucieux de l'avenir de leurs enfants, hésitent avec tant de
raison avant de confier à tel ou tel maître leurs jeunes intelligen-
ces, où la lutte enfin entre les deux partis politiques qui se disputent
le gouvernement de notre pays semble s'être malheureusement, depuis quelques années, établie de préférence sur ce terrain, il nous
a paru intéressant de rechercher quelles ont été, depuis sa fondation, les différentes phases du Collège d'Agen. Nous y avons été
amené par le travail que nous publions actuellement dans la *Revue
de l'Agenais* sur les anciens Couvents de cette ville avant la Révolution. Etudier en effet les annales de la maison des Jésuites et après
elle celles des Oratoriens, c'est étudier en même temps, depuis la fin
du XVI° siècle jusqu'en 1793, l'histoire de l'établissement chargé de
répandre chez nous l'instruction. Les documents abondaient, tant
dans nos Archives municipales et départementales que dans celles,
largement ouvertes à nos investigations, de l'Evêché. Aussi n'a-
vons-nous pas hésité à en extraire les principales pièces pour les
donner, souvent résumées, à nos lecteurs. Les péripéties qu'eut à
subir notre maison d'instruction secondaire pendant la Révolution,
le Directoire et le premier Empire présentaient trop d'intérêt pour

que nous ne les analysions pas également à la suite. Enfin, grâce à la facilité des renseignements modernes, nous avons cru devoir mener cette étude jusqu'à nos jours.

C'est donc le résultat de nos recherches que nous offrons aujourd'hui à nos compatriotes, désireux de connaître, non pas l'histoire complète du Collège d'Agen, étude dont le cadre dépasserait de beaucoup les limites que nous nous sommes imposées, mais simplement les époques les plus curieuses de son existence. Ils y verront avec quelle sollicitude l'ancien corps municipal abordait la question toujours si grave de l'instruction et de l'éducation de la jeunesse ; dans quel esprit de piété, et en même temps avec quel bon sens, il appela au xvi° siècle les Jésuites, seuls dignes à ce moment de cette honorable et délicate mission ; comment les disciples de Loyola la remplirent et surent mériter leur confiance, et avec quelle habileté il la conservèrent jusqu'à leur chute, encore inexplicable. Leur remplacement, d'abord par les Dominicains, puis par une corporation de prêtres séculiers, enfin par les Pères de l'Oratoire, dont les idées différaient tant de celles des Jésuites, ne sera pas, nous l'espérons, d'un moindre attrait pour eux. Ils connaîtront enfin, grâce aux nombreux documents inédits que nous mettrons sous leurs yeux, les divers essais d'enseignement public que tentèrent les gouvernements passagers qui succédèrent au viel état de choses existant avant 1789, et comment le génie de Napoléon organisa définitivement l'Université de France, et avec elle le Collège communal d'Agen, qui, transformé plus tard en lycée, se maintient encore, malgré le changement radical apporté récemment à son plan d'études et à son système d'éducation, aussi prospère qu'aux premiers jours.

Le dirons-nous aussi ? Ancien élève du Collège, puis du Lycée d'Agen, depuis longtemps, même à l'époque où, timide écolier, nous franchissions ses hautes et redoutables portes, nous avions pensé qu'une plume, plus autorisée que la nôtre, viendrait en retracer tout au long l'histoire. Cette œuvre était à faire. Depuis plusieurs années en effet de nombreux départements nous en ont donné l'exemple. Notre attente a été vaine. Nul principal, nul professeur n'a été séduit par cette étude, dont les aspects multiples et l'intérêt puissant semblaient cependant devoir appeler leur attention. Alors nous l'avons entreprise, sommairement nous le répétons, laissant à d'autres plus experts le soin d'utiliser les quelques jalons que nous posons ici.

Ce travail toutefois, s'il ne satisfait pas entièrement les chercheurs avides des moindres détails, aura du moins ce précieux avantage à nos yeux : c'est qu'il nous aura permis, jetant un regard attendri sur les heures déjà lointaines de notre jeunesse, de nous acquitter enfin de notre dette de reconnaissance et de respect envers les maîtres si bienveillants et si distingués, dont la douce main dans la voie de l'instruction a guidé nos premiers pas.

Philippe LAUZUN.

Agen, 21 janvier 1887.

NOTICE

SUR LE

COLLÈGE D'AGEN

I. — AVANT 1581.

Il est fort difficile de pouvoir dire exactement quelles furent à Agen, avant la fin du XVIe siècle, les différentes maisons chargées d'instruire la jeunesse. Notre ville resta-t-elle dans une ignorance complète depuis la fin du Ve siècle, c'est-à-dire depuis l'époque où florissaient encore dans la Gaule méridionale les écoles Gallo-Romaines, notamment celle de Bordeaux qui jeta un si vif éclat ? Fut-elle dotée par les comtes et les ducs d'Aquitaine, puis plus tard pendant les siècles les plus obscurs du moyen-âge, de collèges ou de simples classes d'instruction primaire ? C'est ce que nul document n'a pu jusqu'ici nous apprendre.

Tout ce que nous pouvons affirmer, c'est que lorsque, au milieu du XIIIe siècle, les Frères Prêcheurs vinrent s'installer à Agen, ils fondèrent, à côté des hautes classes réservées aux novices et aux clercs de leur ordre, une classe inférieure, populaire, destinée aux enfants de la ville, où on leur enseignait la lecture, l'écriture, la grammaire, en un mot les premiers rudiments,

Ce fut, ainsi que nous l'avons dit [1], une des principales causes de la popularité dont jouit cet Ordre à ses débuts. Nous ne savons combien de temps cette classe fonctionna. Nos archives locales sont absolument muettes sur tout ce qui concerne l'enseignement pendant le XIVe siècle et une partie du XVe.

A cette époque, un mémoire des consuls, relatif à la fondation du collège, nous dit bien que « la ville d'Agen fut une de celles de la Province qui s'occupa le plus tôt de l'enseignement de la jeunesse. Car, dès le XVe siècle, les Consuls avaient une maison destinée pour le collège et faisaient instruire les jeunes gens par différents maîtres » [2]. Mais ce n'est que vers le commencement du XVIe siècle que nous trouvons des traces sérieuses de cette première « escholle » et des premiers « régents ».

En 1512 en effet, nous voyons dans le livre des Jurades [3] que l'Ecole-Vieille devient insuffisante et que « en raison de l'affluence des écoliers, est besoing leur avoir une autre maison et mesmement la maison de Mourevel à ce propice ». C'est la mention la plus ancienne que nous trouvons relative à l'enseignement public à Agen.

Quelques années plus tard, en 1535, le corps municipal agenais revient sur cette importante question, et il décide qu'il achètera une maison « où doivent se tenir les escholles ». Il vend en même temps la maison des Ecoles-Vieilles au sieur de Nort, bourgeois, moyennant trois cents livres tournois, et achète, moyenant quatre cents livres tournois, une maison qui appartient au sieur Bergon et dont l'emplacement doit servir à la construction de la chapelle du collège.

Cette première démarche aboutit-elle ? L'école qui dut être fondée à cette époque réussit-elle ? Il est à présumer que non, puisque

---

[1] Voir notre étude sur le *Couvent des Dominicains d'Agen*, (*Revue de l'Agenais*. XIIIe année. 5e et 6e livraisons. 1886).
[2] Archives municipales d'Agen. Série GG., 216.
[3] Idem. BB., 23 (22 octobre).

quelques années après, vers le milieu de 1360, les Consuls adressent au Roi la supplique suivante, que nous reproduisons *in extenso* à cause des curieux détails qu'elle donne sur l'état de l'instruction à ce moment et les besoins qui se faisaient si impérieusement sentir.

« Sire,

« Les consuls de vostre ville d'Agen vous remonstrent très humblement que laditte ville est capitalle du païs d'Agennois où il y a une sénéchaussée, siège présidial, grand traffic et commerce de marchandises, pour être laditte ville située en bon et fertil païs sur la rivière de Garonne, entre les villes de Thoalouse et de Bourdeaux, au moyen de quoy elle est grandement peuplée ; et de jour à autre s'y retirent beaucoup de gens des païs circonvoisins, lesquels sont contraints envoyer leurs enfans en la ville de Paris et Poitiers et autres lieux lointains pour les faire instruire aux bonnes lettres, en quoy ils dépensent et employent la plupart de leur bien, et le plus souvent sont contraints de les retirer auparavant qu'ils ayent peu apprendre quelque chose pour n'avoir le moyen de les entretenir. D'autres n'ayant la puissance d'entretenir leurs enfans aux écoles hors de leurs maisons ne les peuvent faire étudier, qui est cause que beaucoup de bons esprits se perdent qui pourraient volontiers servir et à la république.

« Ce considéré, Sire, il vous plaise de votre grâce de créer et établir un collège en votre ville d'Agen pour instituer la jeunesse en grammaire et autres arts libéraux avec droit d'université, ainsi qu'il a pleu au feu Roy, vostre très honoré Sire et père, ès villes d'Aix, Tournon, Nimes et autres, avec pareilles libertés, exemptions et privilèges que ont les autres Universités de votre royaume, permettant auxdits suppliants faire bastir et edifier ledit collège en tel lieu et endroit de lad. ville plus commode que par eux sera avisé. Et pour ce faire, prendre et s'accommoder des maisons et autres terres que besoin sera, en satisfaisant les propriétaires de la juste valeur d'icelles qu'il vous plaira indemniser et amortir, à la charge que vous en serés patron et fondateur et que lad. ville sera tenue en élèves et entretenir à jamais, sur la porte dudit collège, monument solennel, en témoignage. Et pour aider à supporter les frais dud. bâtiment, stipendier et entretenir les regens et subvenir aux autres frais nécessaires, ordonner que l'Eveque dudit Agen, qui prend douze ou quinze mil livres par chacun an audit païs, y contribuera la somme de cinq cens livres par chacun an, et les chapitres de S. Etienne et S. Caprais, qui prennent pareillement la somme de huit à neuf mille livres chacun, par chacun an, contribueront la somme de trois cens livres chacun par chacun an, jusques à ce que lesd. Eveque et chapitres aient pourveu ledit collège et fait unir à la table d'iceluy un benefice de pareille valeur. Ainsy que en cas semblable ledit feu Sire Roy a voulu et ordonné être fait auxd. collèges d'Aix, Tournon, Nimes et autres Universités par luy instituées : et les suppliants prieront Dieu pour Vostre Magesté[1]. »

A cette requête le Roi répondit aussitôt par une lettre, datée de Fontainebleau du 7 août 1560, ordonnant que ladite demande serait renvoyée au Sénéchal d'Agenais, afin qu'il procédât à une enquête *de commodo et incommodo*.

Du reste, de tous côtés arrivaient à la Cour des suppliques de ce genre, si bien que le Roi Charles IX, à peine monté sur le trône, dut satisfaire sur le champ aux demandes de tant d'interessés. C'est ainsi qu'il présenta, dès cette même année 1560, aux Etats d'Orléans un édit, en vertu duquel il ordonnait qu'il fût créé dans chaque province des collèges publics. L'article 9 est formel : « En chascune Eglise Cathedrale ou Collégiale qui aura plus de dix prébendes, oultre les principales dignités, sera prinse une prébende ou le revenu d'ycelle, qui demeurera destinée et affectée pour l'en-

---

[1] La copie de cette lettre inédite, dont l'original existe aux *Archives départementales de la Gironde*. Série C, n° 2895, a été transmise par les soins obligeants de M. Roborel de Climens, archiviste-adjoint, aux Archives de l'Évêché d'Agen, F. 69.

tretenement d'ung précepteur, lequel sera tenu, moiennant ce, instruire les jeunes gens de la ville, *gratuitement et sans salaire*. Et
sera ledict précepteur esleu par l'archevesque ou evesque du lieu,
appelez les chanoines de leur église, et les maire, eschevins, conseillers et capitouls de la ville, et destituable par ledict archevesque ou evesque, par l'advis des susdicts [1]. »

L'édit était applicable à Agen où les deux chapitres de la cathédrale et de la collégiale possédaient à cette époque chacun plus de
dix prébendes. Mais le fut-il immédiatement ? Les dissensions
intestines et les guerres religieuses qui ravagèrent en ces années
notre malheureux pays apportèrent quelque retard à la future institution. Néanmoins, un collège dut être fondé vers cette époque,
au moins si nous en croyons Labénazie : « Il y avait un collège établi dans Agen, avant celui des Jésuites. Il était dépendant du chapitre de Saint-Caprais, suivant tous les anciens actes. Ce chapitre y
nommait le principal. Ce chapitre avait même ce droit que personne
n'était admis ou à enseigner ou estre reçu licencié en droit civil
que du consentement du chapitre de S. Caprais. Les revenus que
la ville donnait à ce collège furent unis plus tard à celui des Jésuites [2]. » Les archives municipales d'Agen sont même plus explicites
et plus formelles. Dès l'année 1562, ordre est donné aux Eglises de
Saint-Etienne et de Saint-Caprais d'avoir à fournir une prébende
pour l'entretien du collège [3]. Trois ans après, le 13 avril 1565,
nouvelle ordonnance du Roi « pour l'établissement de deux prébendes en faveur du collège. » Nos vieux registres nous apprennent
même que ce collège prit le nom de « collège du Saint-Esprit » et
qu'il fut installé « dans l'ancien couvent de La Madeleine ou des Filles
Repenties [4]. » Enfin nous voyons de nombreuses donations venir en
aide à son développement. Citons, entre autres, celle de Françoise

---

[1] Code Henry, par Charondas le Caron, 1715.
[2] Labénazie, Ms. Tome II, livre V, chap. XIV, p. 455.
[3] Archives municipales, BB., 30.
[4] Archives municipales, BB. 30 : f° 131, 137, 233. Ce couvent se trouvait
rue Saint-Jérôme et rue du Cat, là où plus tard s'établirent les Pénitents
bleus.

de Grave, veuve de Guilhem Michel, dit Ferrou, qui, par son testament du 22 février 1567, lègue deux cents francs bordelais au collège d'Agen[1], et un peu plus tard celle de François Danglars, d'autant plus importante qu'elle nécessita, en 1576, un « dénombrement de tous les biens qu'il donnait au collège[2]. » En dernier lieu nous trouvons qu'en 1569 Robert Gondard, qui a quitté le collège de Lectoure dont il était le principal, est nommé par les consuls régent du collège d'Agen[3].

Ces régents, qui jouèrent un rôle important au début des dissensions religieuses du xvi siècle, et dont quelques-uns devinrent même de fougueux prédicateurs protestants, étaient presque tous étrangers au pays. Leur savoir contrastait fort avec l'ignorance de nos ecclésiastiques à cette époque : et nous connaissons plus d'une ville où les consuls n'hésitèrent pas à leur confier l'enseignement de la jeunesse, malgré leur nouvelle religion hautement professée. Bien plus, et alors que pour la plupart ces régents étaient laïques, le Tiers Etat ne se gênait pas pour demander aux gens d'église de contribuer à leur entretien. A Agen, les régents étaient presque toujours catholiques ; les uns libres, les autres aux gages des consuls. Vers le milieu du xvi siècle les régents salariés, à Agen, se trouvaient au nombre de trois. Ils enseignaient le latin, le français et les sciences, et préparaient les enfants aux études plus sérieuses enseignées dans les Universités. Dix ans après l'arrivée des Jésuites à Agen, nous voyons, en effet, que les consuls « augmentent les gages du régent chargé d'apprendre à lire aux enfants pour les préparer à entrer au nouveau collège. » Les élèves sont à ce moment-là au nombre de près de deux cents[4].

Néanmoins, malgré l'existence de ces maîtres d'école et la bonne volonté du corps municipal, ce premier essai d'enseignement public

[1] Archives municipales, BB. 30.
[2] Idem., GG. 211 (Livre rouge des Jésuites).
[3] Idem., BB. 30.
[4] Idem, BB. 38.

resta infructueux. La question pécuniaire en fut-elle la cause ? Les troubles religieux absorbèrent-ils à ce point l'attention que les parents négligèrent d'envoyer leurs enfants à l'école ? Les différents régents nommés ne leur inspiraient-ils qu'une médiocre confiance ? Bref, tout le monde se plaignait de l'insuffisance de ces premiers établissements; la population demandait autre chose. C'est alors que, le 11 septembre 1576, Madame de Secondat fit des offres aux consuls pour la fondation d'un collège sérieux que dirigerait le nouvel ordre religieux des Jésuites. Ceux-ci s'établissaient partout, mandés, qui par l'Evêque, qui par le Corps municipal; et partout l'éloge qu'on faisait de ces nouveaux maîtres ne tarissait pas. L'idée de Madame de Secondat fit son chemin dans la population agenaise; de nombreuses réunions se tinrent qui discutèrent sa proposition. Ce ne fut toutefois que cinq ans plus tard qu'elle fut définitivement acceptée, et qu'il fut décidé qu'un collège serait fondé à Agen dont la direction appartiendrait aux Jésuites.

Mais avant d'aller plus loin, laissons un moment le collège de notre ville, et, pour l'intelligence de ce qui va suivre, jetons un rapide coup d'œil sur l'origine de cet ordre si célèbre, la vie de son fondateur et les constitutions qu'il rédigea pour ses disciples et qui firent, pendant deux siècles, leur force et leur gloire.

II. — LES JÉSUITES. (1581-1762).

On connait suffisamment la vie du célèbre fondateur de l'Ordre des Jésuites [1]. On sait qu'issu, en 1491, d'une famille noble de la Biscaye espagnole, il embrassa de bonne heure le métier des armes et se signala dans plusieurs rencontres. Ce fut au siège de Pampelune

---

[1] Voir : *Vie de Saint Ignace* par le Père Bouhours (1679). Idem, par le Père Mattei ; Idem, par le P. Daniel Bartoli. (Paris 1844) etc., etc.

en 1521 qu'il fut blessé, et que, pendant sa convalescence et à la suite d'une lecture de la Vie des Saints, il se convertit. Après un pieux pèlerinage au Montserrat, il partit, en 1523, pour Rome et la Palestine et en revint l'année suivante, ayant fait vœu de se consacrer à la religion et d'embrasser la vie monastique. Il employa une dizaine d'années à l'étude des questions religieuses et des controverses qui divisaient l'Eglise, et c'est en 1534 qu'il fonda avec quelques disciples une association en vue de prêcher partout l'Evangile et de combattre l'hérésie naissante. Après de nombreuses vicissitudes et plusieurs voyages, dont un à Rome, Ignace de Loyola rédigea ses fameuses *Constitutions* et les soumit au Pape Paul III en 1540, qui aussitôt les approuva. L'Ordre des Jésuites ou clercs de la Compagnie de Jésus était désormais fondé. Ignace en fut nommé le premier général, et il eut la satisfaction de le voir rapidement prospérer durant les quinze années qu'il vécut encore. De nombreuses maisons surgirent aussitôt, en Italie, en Portugal et en Espagne ; mais ce n'est qu'en 1554 et après de longues hésitations qu'il fut enfin permis au nouvel Ordre de s'établir en France, à l'hôtel de Clermont, et de fonder un collège à Paris, malgré l'avis défavorable de l'Evêque, de l'Université et du Parlement. On peut donc dire que, dès son entrée en France, l'Ordre des Jésuites eut des ennemis, qui, ainsi qu'on le verra dans la suite et malgré les services immenses qu'il rendit, ne désarmèrent jamais.

Les *Constitutions* qu'Ignace de Loyala écrivit, comme règle de son Ordre, sont un chef-d'œuvre d'organisation et de gouvernement. C'est grâce à elles et à l'admirable discipline de ses soldats que la nouvelle congrégation arriva à cette puissance formidable qu'elle exerça, non seulement en Europe, mais dans le monde entier. Elles sont divisées en dix chapitres qui prévoient tout et règlent tout. Une part importante est consacrée aux novices et à la manière de les recevoir et de les former. Un examen des plus rigoureux leur est imposé à leur arrivée; puis, après leur réception, ils doivent être éprouvés par les exercices spirituels les plus sévères, les soins les plus minutieux donnés aux malades dans les hôpitaux, et un pèlerinage en demandant l'aumône. Ils peuvent prendre alors l'habit de la Compagnie, qui ne diffère en rien de celui des autres ecclésiastiques,

Il consiste en une soutane noire, un manteau long de même couleur, sans rabat, les prêtres ordinaires n'en portant pas à cette époque [1], et le chapeau à larges bords dit *sombrero*, usité encore en Espagne et en Italie. Seuls, des anciennes règles d'autrefois, sont conservés les trois vœux de chasteté, de pauvreté et d'obéissance : le silence, les fatigues du chœur pendant la nuit, les jeûnes, les macérations de la chair sont supprimés, Saint Ignace voulant avant tout que ses disciples soient toujours sur la brèche, et, par la prédication comme par l'enseignement, aient assez de forces physiques et intellectuelles pour lutter sans relâche contre les ennemis de l'Eglise. Saint Ignace aimait la pauvreté ; aussi défend-il aux maisons professes d'avoir des revenus. Il ne les permet qu'aux collèges et aux maisons de probation.

Six états sont créés par lui dans la Compagnie : les *Novices* ; les *Frères temporels formés*, c'est-à-dire ceux qui servent la communauté comme sacristains, cuisiniers, portiers ; les *Scolastiques approuvés*, ceux qui, leur noviciat fini, continuent leurs épreuves soit dans l'enseignement, soit dans les études privées ; les *coadjuteurs spirituels formés*, qui peuvent déjà diriger un collège et partir pour les missions ; les *Profès des trois vœux*, dont les attributions sont les mêmes que les précédents, bien que par leurs qualités et leurs vertus, ils aient mérité un grade supérieur ; enfin les *Profés des quatre vœux*, qui sont les chefs, et seuls peuvent être nommés provinciaux ou général.

Car, c'est un général que Saint Ignace place à la tête de son Ordre. Perpétuel, tout-puissant, il est maître absolu de la Compagnie. Nommé par la Congrégation générale, il réside à Rome, à la maison-mère, et a seul autorité pour imposer des règles et en dispenser. Sous ses ordres sont les provinciaux, les supérieurs des maisons professes, les recteurs des collèges, qui lui doivent une

---

[1] Voir l'*Histoire des Ordres religieux*, par le Père Helyot, t. VII, ch. 50, p. 152. Voir aussi le *Dictionnaire des Ordres religieux*, par l'abbé Migne, t. II, p. 628 et suiv.

obéissance absolue. C'est lui qui correspond, pour les diriger, avec les chefs des missions lointaines, et qui tient dans ses mains toutes les rênes de l'administration et du gouvernement [1].

Etabli sur d'aussi solides bases, l'Ordre des jésuites, répondant si bien aux besoins du moment, ne pouvait que brillamment se développer ; et c'est bien moins encore par la prédication que par l'enseignement, auquel ils se consacrèrent presque entièrement, que ses religieux durent d'être recherchés dans toutes les villes du monde civilisé, pour diriger la jeunesse, la former, l'élever et l'instruire.

C'est dans ce but que, moins de trente ans après avoir été autorisés à s'établir en France, ils furent mandés à Agen, aussi bien par l'Évêque et les Consuls que par la population tout entière, et qu'ils y fondèrent le premier collège sérieux dont nous ayons à nous occuper.

— Cette grave question de l'enseignement agita tellement les esprits dans notre ville à la fin du xvi⁰ siècle, l'arrivée des Jésuites et la fondation du collège firent une telle sensation dans les diverses classes de la société, que, même à cette époque si mouvementée de la vie politique, aux heures les plus graves de la Ligue et des prétentions du Roi de Navarre, elle semble dominer chez nous toutes les autres préoccupations. Pendant neuf ans, de 1582 à 1591, depuis l'appel que l'on fit à la célèbre compagnie jusqu'au jour de son établissement définitif, il n'est pas de mois où cette affaire n'ait été discutée, et c'est à foison que nous trouvons dans nos Archives départementales et municipales, comme dans celles de l'Evêché et les manuscrits de nos anciens annalistes, les pièces et les titres relatifs à cette fondation. Nous ne citerons que les plus importants.

---

[1] Voir, pour tous ces détails sur l'organisation de la Compagnie de Jésus, le remarquable ouvrage de M. Cretineau-Joly : *Histoire religieuse, politique et littéraire de la Compagnie de Jésus*, t. I, chap. II.

Le 21 février 1582, une nombreuse et imposante réunion, dont le procès-verbal nous est conservé [1], est tenue au Palais épiscopal par tout le clergé, les magistrats, les consuls [2] et les jurats d'Agen. Relevons entre autres personnages célèbres présents : MM. Janus de Frégose, évêque et comte d'Agen, Bernard de Lacombe, abbé de Blasimont, grand archidiacre en l'Eglise cathédrale et prieur de Saint-Caprais, Dominique Cabasse, vicaire général, Antoine de Nort, président, juge-mage de la sénéchaussée, Bernard d'Aspremont, de Nargassier, Jehan de Cambefort, Gardès, François Jauffrion, etc. Tous manifestèrent le vif regret que, dans l'intérêt du pays, il n'existât pas encore une école sérieusement organisée. Tous décidèrent qu'il était de la plus grande nécessité de fonder au plus tôt un collège en ville, qui serait confié aux Pères Jésuites déjà installés à Bordeaux. On adresserait pour cela une requête au Roi afin qu'il permit d'imposer trois mille écus sur le pays pour l'achat d'un local.

Cette question était d'une importance capitale. Sa solution se fit attendre un an. Après de nombreux pourparlers et à la suite d'une jurade fort nombreuse qui se tint le 15 avril 1583, il fut décidé qu'on achèterait la maison noble de La Cassaigne La-Dague, située derrière la Grande Horloge, vaste, spacieuse, aérée et convenant en tous points à l'usage que l'on voulait en faire [3]. Le contrat d'acquisition fut signé le 21 avril de cette même année, par MM. Jean Camus, advocat, Laurent de Loubatery, receveur des domaines,

---

[1] Archives municipales, GG. 209.

[2] Les Consuls d'Agen, en 1582, étaient MM. Michel Boyssonnade, avocat, M° Antoine de La Roque, notaire royal, Louis Bourguignon, procureur, sire Guillaume Mailher, bourgeois, sire Estienne Baulac, bourgeois, et M° Pierre Chabrières, procureur. (Journal des Consuls. Archives municipales d'Agen).

[3] C'est actuellement, ainsi que nous le verrons dans la suite, quand nous en donnerons le plan et la description complète, tout l'emplacement occupé par la place de la République et les maisons circonvoisines.

Géraud Boissonnade docteur-médecin, Jean Lauriseshes, procureur, Jacques Bondonier, marchand, et Crespin Trinque, tous six consuls d'Agen. La maison, avec toutes ses dépendances, cour, basse-cour, jardin, patus, coûta 2,333 écus, soit à raison de trois livres par écu, la somme ronde de 7,000 livres. Suivent, dans le Livre rouge des Jésuites, intact aux Archives municipales de notre ville [1], les procurations, ratifications, enregistrement, etc. de ladite vente, ainsi que les échanges et mutations qui se produisirent longtemps après, à l'égard de cette maison.

Pour payer cette somme de 7,000 livres, ainsi que pour procéder aux premiers frais de l'installation, il fallait de l'argent. Evêque, prêtres, magistrats, notables, nobles, bourgeois de la ville, tout le monde en un mot eut à cœur d'apporter son obole. C'est ainsi que, le 19 novembre 1583, un contrat d'accord est passé entre les consuls et les deux chapitres de Saint-Etienne et de Saint-Caprais, au sujet de l'obligation imposée jadis à ces derniers de consacrer les revenus de deux prébendes à l'entretien des anciennes écoles. Les chapitres s'engagent dorénavant à payer chaque année la somme de cent trente trois écus et un tiers, plus une certaine quantité de grain jusqu'à concurrence de la même valeur, le tout applicable à l'entretien du nouveau collège et des régents [2].

Quatre mois après, le 19 mars 1584, une réunion est tenue des Etats du pays d'Agenais, où il est décidé qu'on attribuera au collège une rente de mille livres, et qu'on demandera en même temps

---

[1] Ce très joli registre, relié en parchemin et écrit avec de l'encre rouge, conservé précieusement aux Archives municipales d'Agen dans la série GG, sous le numéro 211, a pour titre : « *Livre où sont escripts tous les contrats touchant l'acquisition de la maison noble de La Cassaigne pour en icelle eddiffier un coullége en la presente ville d'Agen, pour l'instruction de la jeunesse, fait par permission du Roy par Messieurs les syndics du pais d'Agenois et consuls de la ville d'Agen, faisant pour l'université d'icelle, en l'année 1583.* » In-folio, 46 feuillets.

[2] Archives municipales, GG. 209.

au Roi l'autorisation de percevoir cette somme au moyen des droits imposés sur le sel. Le clergé se réunit en assemblée, qui approuva ladite décision[1] : et le Roi rendit aussitôt des lettres patentes « accordant la crue de 500 sous par livre sur les tailles du pays pour appliquer ladite somme à la fondation du collège. » En même temps fut fournie par le receveur du taillon la curieuse attestation, comme quoi « la creue de cinq sous pour tiers d'escu qui est le parisis du tournois sur le principal du taillon imposé sur le pays et recepte d'Agenois, l'année dernière 1583, et dont le Roy fit don à Messieurs les Consulz et habitants de la présante ville d'Agen, en ladite année dernière, pour la perfection et construction d'ung collège en ladite ville, monte la somme de doutze cens quinze escuz, trente ung sous, neuf deniers[2]. »

En vue des constructions nouvelles et réparations à faire à la maison La Cassaigne, les Consuls achetèrent alors, le 18 mai 1584, aux Pères Augustins, une pièce de vigne au rocher de Saint-Vincent, au lieu dit « *Al Tap foundut,* » afin d'y établir une carrière dont les matériaux serviraient à la construction de l'Eglise des Jésuites.

Mais la donation la plus importante, celle surtout dont l'exécution dans la suite souleva le plus de difficultés et donna lieu à une série de correspondances et de procès dont les pièces encombrent véritablement les Archives municipales d'Agen, fut celle de la Reine Marguerite. On sait qu'en échange des soixante sept mille cinq cens livres de rente, que la sœur de Charles IX avait reçues en dot, lors de son mariage avec le Roi de Navarre, et qui ne lui furent que très imparfaitement payées, le Roi lui donna, six ans après, le 18 mars 1578, le domaine d'Agenais dont elle devint comtesse ainsi que le Rouergue, le Quercy, les quatre jugeries de Verdun, Rieux, Rivière et Albigeois, etc. D'un autre côté, après les péripéties sans nombre

____

[1] Archives municipales, GG. 209.
[2] Idem, 209 et 211.

qu'eut à subir l'existence orageuse de cette princesse, retirée en
cette année 1584 à Nérac, où ne la supportait que difficilement son
mari Henri de Navarre, Marguerite de Valois, qui aspirait à jouer
un rôle politique et qui déjà se trouvait engagée dans la Ligue en
souvenir d'Henri de Guise et en haine de son mari, avait jeté son
dévolu sur sa bonne ville d'Agen, dont les sentiments ligueurs et
catholiques semblaient répondre à ses idées. Sollicitée par les Consuls de contribuer, comme comtesse d'Agenois, à la fondation du
collège, la Reine de Navarre s'empressa d'accorder une pension de
cinq cent livres, ainsi qu'il ressort des lettres patentes suivantes,
du 23 février 1584.

« Marguerite, par la grâce de Dieu, Reine de Navarre, sœur
unique du Roi, duchesse de Valois et d'Estampes, (elle prenait
cette qualité parce qu'elle avait fait eschange du Querci avec le
duché de Valois), comtesse d'Agenais, Rouergue, Seniis et Marte,
Dame de la Fère et des jugeries de Rieux, Rivière, Verdun, Albigeois, à tous ceux qui ces presentes lettres verront, salut. Scavoir
faisons qu'ayant esté nostre intention d'assister à ce qui est du service de Dieu, avancement de son nom, et considération de la religion catholique romaine, et reconneu combien les Jésuites, religieux de la Compagnie de Jésus, aportent de bonne doctrine et
enseignement à la jeunesse en leurs collèges, laquelle, estant
nourrie au commencement de la cognoissance du Verbe divin, ne
peut raporter pour le reste de la vie qu'une grande impression et
sainte érudition pour ne tomber aux erreurs et hérésies, comme
quelques-uns ont fait par le passé, aux quelles désirant estre pour
à nostre possible, même pour la jeunesse de cette ville d'Agen, aux
habitans de laquelle portons un singulier bon vouloir et dilection
poussée de désir à l'honneur de Dieu de gratifier et faire du bien
à la susdite Compagnie des Jésuites et leur donner plus de moyen
d'entretenir à leur collège de cette ville des bons prédicateurs et
bon nombre des régens pour l'instruction de la susdite jeunesse ;
Nous, à ces causes et autres bonnes considérations, avons par dévo-
tion, donné, légué, donnons et octroyons par ces présentes audit
Collège des Jésuites par eux teneu et dessaisi en cette ville
d'Agen, de pansion annuelle et perpétuelle pour chascun an la

somme de huit vingt six escus, deux tiers, revenant à *cinq cens livres*, à prendre et percevoir sur les premiers et plus clairs deniers de tous et chacuns les droits et revenus à nous apartenans en nostre comté d'Agenois. Donné à Agen, le 23 febvrier 1584[1]. »

Marguerite déclare en plus entendre que cette pension soit rachetable pour la somme de deux mille écus et elle en remet l'administration à Mgr l'Evêque d'Agen, ainsi qu'aux Consuls de la ville. Les lettres furent enregistrées le 22 octobre de cette même année.

Cependant, les malheurs du temps empêchant les Jésuites de venir s'installer dans la ville, d'un autre côté les bâtiments destinés à les loger n'étant pas suffisamment aménagés pour les recevoir, la Reine de Navarre, déclare qu'en attendant l'arrivée desdits Pères, la rente de cinq cent livres qu'elle leur promet, sera dès ce moment payée entre les mains des Consuls, afin qu'ils l'emploient à l'aménagement du bâtiment acheté. Cette clause ne reçut malheureusement pas son application. Nous voyons, en effet, bientôt les Consuls être obligés d'exercer une requête contre le trésorier de la Reine dans son domaine d'Agenais, afin qu'il exécutât l'ordre de sa maitresse. Il en fut de même les années suivantes, où, malgré son bon vouloir, Marguerite, toujours à court d'argent, ne put que très rarement faire face à ses engagements.

Serait-ce pour donner le change et faire patienter ses créanciers que, le 15 février 1585, elle leur octroya ce brevet singulier, mentionné dans l'*Inventaire des titres des Jésuites*, en vertu duquel elle fait « don de l'abbaye de Condom pour être unie au Collège des Jésuites d'Agen[2] »? Outre qu'en réalité cette donation ne fut jamais effectuée, puisque dans aucun compte du Collège des Jésuites nous ne les voyons, non seulement s'attribuer les revenus de cette importante abbaye, mais même mentionner une seule fois son nom, nous croyons que le copiste de l'inventaire a commis ici une faute

---

[1] Archives municipales. GG. 209. Voir aussi Labénazie, Ms.
[2] Archives municipales. GG. 216.

d'ortographe. A-t-il écrit Condom pour Gondon [1] ? A-t-il voulu parler plutôt de « *la baillie de Condom,* » et entendre par là qu'en sa qualité d'engagiste du Condomois, Marguerite ait eu l'intention de disposer des revenus de justice du Condomois, droits de lods et vente, droit de pugnère, etc.? Nous ne pouvons donner là-dessus aucun éclaircissement. Tout ce que nous devons dire, c'est que depuis la création de l'Evêché (1317), l'abbaye de Condom n'existait plus, et, qu'en cette année 1585, Marguerite n'avait et ne pouvait avoir aucun droit sur ses revenus dont jouissait légalement et très paisiblement du reste l'Evêque Jean Duchemin [2].

La rente de cinq cents livres de revenu octroyée par la Reine de Navarre ne fut, croyons-nous, payée qu'une seule fois, la première année, en 1585. Il fut alors décidé que cette somme serait employée à acheter la maison des hoirs de feu Raymond Delrieu, attenant à la maison de La Cassaigne, et que l'on s'en servirait pour y établir l'église du Collège. Mgr Frégose donna son consentement le 1er février 1585; et, à la suite de la requête du syndic du pays d'Agenais au Sénéchal pour obtenir l'expropriation, si besoin était, de ladite maison, le contrat d'achat fut passé le 9 mars de la même année [3]. On se mit immédiatement à l'œuvre.

Quelques jours après, une donation importante fut faite également au Collège d'Agen. Nous voulons parler des meubles précieux qui lui furent envoyés par Madame de Lisse, et au nombre desquels nous relevons, sur l'inventaire dressé le 10 juillet 1585, des bahuts, armoires, coffrets, linceuls de toile, nappes d'autel, linges, ornements d'église et de sacristie, etc., et enfin « cinq jolis tableaux de cuivre, couvert d'esmal, à l'ung desquels est peint un Ecce Homo, à l'autre l'image de Notre Dame, à l'autre la Nativité, à l'autre un

---

[1] Ancienne abbaye bénédictine sise en Agenais, actuellement dans la commune de Monbahus, canton de Cancon, Lot-et-Garonne.

[2] Voir à cet égard la note que nous avons publiée à la page 31 de nos *Lettres inédites de Marguerite de Valois, tirées de la Bibliothèque Impériale de Saint-Pétersbourg.* (Archives historiques de la Gascogne, fascicule onzième.)

[3] Archives municipales GG. 209 et 211.

Crucifix, et à l'autre est peint l'image de Jésus-Christ descendu de la croix [1]. »

Les évènements politiques qui alors se précipitaient et sans doute aussi la mort de Janus Frégose, arrivée en 1586, mirent un temps d'arrêt dans l'œuvre de l'établissement du collège, durant cette année 1586 et celle de 1587. Néanmoins elle fut reprise avec plus d'ardeur que jamais dès 1588, pour aboutir trois années après sous l'épiscopat de Nicolas de Villars (1587-1608).

Le 5 avril 1588, les trois ordres se réunissent et décident d'établir un bureau qui sera chargé spécialement de l'administration et de la surveillance du collège. Il devra être composé de « ces Messieurs de l'Eglise, de la Justice et desdicts sieurs Consulz ». Furent élus: pour Messieurs de l'Eglise, Messieurs de Myremont, chanoine, de Gélas, chanoine, et de Ribeirenq, également chanoine. Pour Messieurs de la Justice, Messieurs de Courtète, juge criminel, de la Roche, conseiller, et de Nargassier, conseiller. Deux Consuls furent désignés. Enfin la Jurade choisit MM. Mathieu et de Landas, avocats et jurats [2]. Aussitôt constitué, ce bureau se mit à l'œuvre, et il prit, dès cette année et la suivante, d'importantes décisions relatives au paiement des diverses pensions, aux réparations

---

[1] Archives municipales, GG. 210. Cette Madame de Lisse était noble dame Marguerite de Pellegrue, dame de Casseneuil et de Lisse, fille de François de Pellegrue, seigneur de Casseneuil. Elle habitait ordinairement la ville de Condom, où déjà, par acte du 2 septembre 1579, elle avait fondé « pour l'instruction de la jeunesse, à l'honneur et gloire de Dieu, ung Collège que dès longtemps elle a eu volonté d'ériger et ordonner en cette ville de Condom, » voulant que ledit collège fût appelé de *Casseneuilh* et composé d'un régent principal et de six autres régents. Malheureusement cette fondation ne put être exécutée, la succession de cette noble dame ayant donné lieu à de nombreuses contestations que soulevèrent ses trop avides héritiers. Voir à ce sujet l'importante monographie que M. J. Gardère consacre au *Collège de Condom* dans la *Revue de Gascogne*, 1886, et notamment le chapitre intitulé « *Le Collège de Condom avant les Oratoriens.* » (*Revue de Gascogne*, tome XXVII, 1re livraison, janvier 1886.)

[2] Archives municipales GG. 210.

à exécuter, enfin à l'enregistrement des contrats, legs, donations, titres de rente, intéressant le collège et qui affluaient de toutes parts[1].

Une impulsion nouvelle est donnée par le bureau dans l'année 1590. Les détails les plus minutieux sont examinés par lui, et il jette, avant de les soumettre définitivement aux Jésuites, toutes les bases de cette importante fondation. C'est ainsi que, le 21 mars 1590, il arrête de cette façon le règlement des classes qui fut adopté tel quel : « Davantaige, a esté resouleu, arresté et ordonné que les enfans viendront audict colliège ung peu avant l'heure de huict heures du matin, et après qu'ils seront veneus fairont prières à Dieu et estudieront leurs leçons. Les leçons se commanseront et feront despuis huict heures jusques à dix le matin; après midy les leçons se fairont despuis trois heures jusques à cinq, et les régens entreront bien tost apprès que le dernier sera sonné. Et leur sera baillié ung petit argumen pour composer en vers deux fois la sepmaine, le mercredy et le vendredy avant sourtir de la classe, et en oraison une fois la sepmaine et ce en la première classe. En Advans et en Caresme, lesdites leçons se commanseront despuis neufz heures jusques à douze à cause du sermon. Auquel sermon les enfans ce trouveront ensemble, les pedagogues au pied de la chère et les dicts enfans affin qu'ilz ne facent insolances. Les enfans de la première, seconde et troisième classe et dans le Collège parleront latin congreu; en la quatrièsme comme ilz pourront ; en la cinquiesme françois. Et en chescune classe il y aura normateurs pour prandre garde a ceulx qui deffandront auix leçons. Et le mesme ordre et régime ce tiendra qui est au colliège de Guiene à Bourdeaux. Les disputes ce feront tous les samedis apprès digner et ce fera leçons tous les jours non fériés. » Suit la liste des jours fériés où les régens ne pourront faire leurs classes. Ce sont, au nombre de quarante neuf : « En janvier: La Circoncision, les Rois, saint Hilaire, saint Antoine, saint Fabien et saint Sébastien, saint Vincent ; — en février: La Purification, saint Mattias; — en mars : L'Annonciation ; — en avril : saint Georges, saint Marc; — en may: saint Philippe

---

[1] Archives municipales, GG. 210.

et saint Jacques, saint Jehan ; — en juin : saint Clair, saint Barnabé, la Nativité de saint Jean-Baptiste, saint Pierre et saint Pol, saint Martial ; — en juillet : la Visitation, sainte Marie Madeleine, saint Jacques, sainte Anne ; — en août : saint Pierre, saint Etienne, saint Laurans, l'Assomption, saint Roc, saint Barthélemy ; — en septembre : la Nativité de Notre-Dame, sainte Croix, saint Mathieu, saint Michel ; — en octobre : saint Rémy, saint François, sainte Foy, saint Luc, saint Caprasy, saint Siméon et saint Jude ; — en novembre : La Toussaint, le jour des Morts, sainte Catherine, saint André ; — en décembre : La Conception, saint Nicolas, saint Thomas, la Noël, saint Etienne, saint Jehan, les Innocents. » Les mêmes soins précis sont apportés à tous les autres détails d'organisation.

— Tout étant prêt et la maison La Cassaigne suffisamment aménagée [1], les Consuls s'adressèrent au collège de Bordeaux, fondé déjà depuis quelques années, et prièrent le Père Dupuy, provincial de la Compagnie de Jésus en Guienne, de venir à Agen pour approuver ledit règlement, y faire toutes modifications qu'il jugera convenables, passer avec eux le contrat de fondation, et enfin installer les nouveaux régents. Un échange très actif de lettres, dont la plupart sont conservées, s'établit entre les deux parties, vers la fin de cette année 1590 et le commencement de l'année suivante. On envoya au Père Dupuy tous les projets de règlement ; on lui soumit tous les titres de rente promis, etc. Si bien, qu'au mois de juillet 1591, le Père Dupuy, estimant que tout était en règle, vint lui-même à Agen pour terminer l'affaire.

Après plusieurs formalités d'usage, comme notamment « la remise par les Consuls de tous les meubles dudit collège ez mains de Monsieur le Père Dupuy, avec l'inventaire desdits meubles à la

---

[1] Labrunie nous dit dans son Abrégé Chronologique, « qu'on y employa tous les matériaux de la démolition de l'Eglise de Saint Phébade, que le peuple avait détruite parce qu'elle avait servi de prêche aux protestants, en 1562. »

gner à lire, soit en latin, soit en français, par un maître à ce
député et aux gages desdits Consuls, les Pères Jésuites n'étant pas
tenus d'apprendre à lire.

Article 4. Pour l'entretien dudit collège, les fondateurs le dotent de la rente annuelle de mille écus, répartie ainsi qu'il suit :
la Reine Marguerite promet annuellement la somme de 500 livres ; l'Évêque d'Agen, celle de 700 livres ; les chapitres de Saint-
Étienne et de Saint-Caprais, en vertu des prébendes accordées an-
térieurement, celle de 500 livres ; les Consuls et Communauté
d'Agen, celle de 1,200 livres, plus quelques autres modiques sommes
en vertu d'échanges réciproques.

Article 5. Les fondateurs abandonnent aux Pères Jésuites la maison de La Cassaigne, avec toutes ses dépendances, ainsi que les
meubles donnés par Madame de Lisse à leur intention.

Article 6. En ce qui concerne les réparations, constructions,
ameublements du collège, etc. les Consuls donnent la somme de
trois mille écus payables à différents termes, soit mille écus dès à
présent, dont le Père Dupuy donne quittance, et les deux autres
mille écus dans les quatre années suivantes.

Article 7. Les Pères Jésuites sont déclarés être à perpétuité
« francs, quittes et déchargés de toutes tailles, emprunts, subsides,
entrées de ville, contributions quelconques, etc. »

Article 8. Ils s'engagent en revanche à ne plus rien jamais
demander à la ville ni aux fondateurs, « s'offrant librement et de
leur plein gré d'aider le peuple, selon leur pouvoir, par prédications, catéchismes, confessions, visitations des malades et autres
œuvres de charité. Ils dédient le collège à la Reine Marguerite :
Sur la grande porte duquel collège sera gravée sa fondation sous
le nom de ladite dame Reine et des sieurs fondateurs. »

Article 9. Enfin, pour garantie desdites conditions, les dona-
teurs engagent tous leurs biens propres tant présents qu'à venir,
ainsi que les donataires tous les biens et revenus du collège.

En foi de quoy, « ils ont promis et juré moyennant serment »,
et ont signé le présent acte.

suite [1], » le contrat de fondation du collège d'Agen fut enfin solennellement passé, le 23 juillet 1591, par devant Mᵉ Duran, notaire royal, entre la Reine de Navarre, l'Evêque d'Agen, les Chapitres, les Consuls et plusieurs Jurats d'une part, et les Pères Jésuites d'autre part.

Voici le résumé exact ainsi que certains fragments de cet acte, dont l'importance n'échappera à personne, mais que sa longueur nous empêche malheureusement de reproduire ici *in extenso* [2].

« Ce jourd'huy vingt-troisième jour du mois de juillet, mil cinq cent quatre vingt onze, après Midy, en l'hostel episcopal de la ville et citté d'Agen, par devant nous, notaire royaux, etc. ont été présens : Reverend Père en Dieu, Messire Nicolas de Villars, évêque et comte d'Agen, vénérables personnes Messires Simon Vallery, Jules de Nort, Hélias de Rebeyrenq et Bernard Barthe, chanoines députés pour les chapitres de Saint-Etienne et de Saint-Caprais, M. Florimond de Redon, lieutenant principal, comme procureur de très haulte et puissante princesse Marguerite, Reyne de Navarre, comtesse d'Agenais, etc. Messieurs Mᵉˢ Jehan Camus, licencié ès droit et avocat, Sixte Arnauld Albinhac, Crespin Trinque, Jean et Pierre Mathieu, et Mᵉ Jehan Cayron, consuls de ladite ville, Messieurs Jehan Dorty, président et juge mage, François de Courtete, juge et magistrat criminel, Arnaud Delpech, procureur du Roi en la Cour présidiale de la Sénéchaussée, Michel Boissonnade, Jehan de Lescazes, Laurent Loubatery, Jacques Loubatery, Jacques Langelié, jurats, d'une part ; — et Révérend Père Clément Dupuy, provincial de la Compagnie de Jésus en Guyenne, assisté du Père Jehan Geutery, recteur d'icelle, Père Denis Capin et Père Edouard Mole, prêtres de ladite Compagnie, d'autre part. » La ville et le

---

[1] Archives municipales, GG. 210.

[2] Il existe dans nos Archives locales de nombreuses copies de ce document. Celle que nous reproduisons provient des *Archives départementales de Lot-et-Garonne*, (*érie D. 1.*) qui en possèdent deux exemplaires. Nous en trouvons également cinq exemplaires aux *Archives municipales d'Agen, Série BB. 35, 37, 38 et Série GG*, 210 et 212. Enfin une autre copie se trouve aux *Archives de l'Evêché d'Agen, Série F., liasse 33.*

pays d'Agenais depuis longtemps désirent l'établissement d'un collège. « Considérant d'un côté que le plus grand bien qui puisse avenir à un pays, ville et république, et le principal moyen de la mettre en repos et assurance à l'avenir, est la bonne, sainte, et diligente instruct'on de la jeunesse ou la piété et crainte de Dieu et bonnes mœurs, principalement en ce tems auquel sont glissées les erreurs et hérésies, nommément en ce royaume de France et sur toutes les provinces d'icelui en cette Guyenne qui aurait été de longue main plus gattée et infectée de cette contagion que les autres, dont serait à craindre que les tendres esprits de la jeunesse ne vinssent peu à peu à y recevoir et humer le venin, eu égard au danger auquel souvent elle est exposée d'être instruite par maîtres et pédagogues hérétiques, qui par feintise et hypocrisie, empruntant le nom de catholiques, la trompent secrètement de leur méchante doctrine ; et voyant de l'autre côté la fidélité, suffisance et bon devoir de ceux de la Compagnie de Jésus, en l'instruction de la jeunesse, tant en la religion catholique, piété, bonnes mœurs qu'en la doctrine et étude des letres, comme l'expérience leur a fait voir et apprendre en plusieurs villes de ce royaume, où ils ont collège, etc., » pour ces raisons, et après de nombreuses réunions et assemblées générales, la ville aurait acheté la maison de La Cassaigne pour la somme de 7,000 fr., ainsi que quelques petites maisons avoisinantes, grâce aux libéralités de la Reine Marguerite et de Mgr Janus de Frégose, alors évêque d'Agen ; et elle aurait enfin appelé les Pères Jésuites, avec lesquels elle passe le présent contrat.

Article 1er. Le collège sera régi et gouverné par ceux de la Compagnie de Jésus, selon la forme des autres collèges qu'ils ont dans le royaume de France.

Article 2. « Seront tenus lesdictz de la Compagnie de Jésus entretenir six régens en six classes diverses, à sçavoir cinq en humanité tant en grammaire que rhétorique, ès quelle sera enseignée la langue grecque et latine, et la sixième, logique et philozofie, pour rendre capables les escolliers de prendre le degré de maîtres ès arts. »

Article 3. Il sera choisi près du collège un lieu pour y ensei-

— Ainsi constitué, le collège d'Agen prospéra rapidement. Toutes les rentes furent régulièrement payées, sauf les cinq cents livres de la Reine Marguerite. Chassée d'Agen en septembre 1585, et réfugiée depuis la fin de l'année 1586 dans la sombre forteresse d'Usson, en Auvergne, cette Reine, malgré l'offense qu'elle avait reçue des Agenais, ne se montra pas vindicative à leur égard. Nous en donnons comme preuve, la lettre suivante, autographe, conservée précieusement dans nos archives municipales, qu'elle écrivit, toujours au sujet du collège, aux consuls d'Agen [1] :

« Messieurs les Consulz, je suis tres aise que aiés peu obtenir de monsieur le provincial des Jésuites d'avoir le coliege de leur ordre que j'ay toujours désiré establir en vostre ville ; j'escris à ceux de mon conseil pour effectuer la volonté que j'ay di ayder. Si je puis quelque autre chose pour le bien et avansemant de vostre ditte ville, je vous prie crère que je n'i espargnerai se qui depandera de mes moiens et de ma puissanse, et en pouves faire entier estat, désirant vous témoigner ma bonne volonté en toutes les occasions quy m'en seront offertes ; priant Dieu, Messieurs les Consulz, vous avoir en sa sainte garde.

« D'Usson, se 19 décembre, 1590. Vostre plus parfaite amie.

« MARGUERITE. »

Elle donna ordre, en effet, le même jour, par mandement spécial à son receveur en Agenais, Coudoing, ainsi que six mois après à Jehan de Cambefort, de payer au collège « lesdits arrérages dus jusqu'à l'année présante ». Mais tout porte à croire que sa volonté ne fut pas exécutée et que la caisse était vide, tellement nous voyons les Consuls et avec eux les Jésuites intenter cette année et toutes celles qui suivent, jusqu'à sa mort (1615), actions et procès contre elle, ses fermiers et ses receveurs [2]. Nous ne les suivrons pas dans tous les détails de cette trop longue affaire et nous retournerons bien vite à l'histoire du nouveau collège.

---

[1] Archives municipales, GG, 212.
[2] Archives municipales, BB. 35, 37, 38 et GG. 210, 211, 212, 213, etc.

De tous côtés arrivaient chez les Jésuites, avec de nombreux élèves, des félicitations « pour ce qu'ils avaient accepté de se mettre à la tête de l'enseignement de la province » et des encouragements à persévérer et à bien faire. Le 17 février 1591, les Consuls d'Agen reçoivent du Père Jésuite, Claude P..., résidant à Rome, une fort jolie lettre en latin, où ce religieux les complimente d'avoir fondé un collège de son ordre [1]. Quelque temps après, c'est le Pape Clément VIII, qui, par sa bulle du 12 décembre 1592, confirme en faveur du collège la pension annuelle de 700 livres que doit lui payer l'Evêché d'Agen [2]. Dans un procès relatif à certaines exécutions de paiement et demandes en garantie, le Présidial rend un jugement par lequel le syndic du collège est relaxé des conclusions prises contre lui par le syndic des Frères-Prêcheurs. Un peu plus tard, quand les consuls veulent leur imposer certaines tailles et que les Jésuites se refusent à les payer, prétendant en être exempts, les tribunaux leur donnent gain de cause, etc. Bref, la compagnie de Jésus acquit à ses débuts, à Agen, une popularité telle que n'en eurent jamais les autres ordres religieux, et nous pouvons affirmer que par les services immenses qu'elle rendit à toutes les classes de la population agenaise, comme aussi par sa méthode si sûre d'enseignement, elle la conserva jusqu'à la fin. Aussi est-ce très justement que notre vieil annaliste Labénazie, qui les connut personnellement, écrit : « Grâce aux circonstances de la Ligue et à la faveur de l'Evêque d'Agen, Nicolas de Villars, les Jésuites surent profiter de l'attachement que leur porta la ville d'Agen ; et ils se rendirent si soudainement maîtres des esprits, que lorsque ils furent disgraciés de la Cour et bannis du royaume, ils firent tant qu'Agen ne mit pas cet arrêt en exécution. Dans toutes les autres villes du royaume ils reçurent bien des traverses ; mais Agen leur servit d'asile dans leur malheur. Ces circonstances font bien voir combien les Agenais ont eu de la considération et de l'affection pour les Jésuites

---

[1] Archives municipales, GG, 212.

[2] Idem.

et combien ils se sont rendus dignes de quelque retour d'amitié de ces bons Pères [1] ».

En revanche, les Agenais n'eurent jamais une affection bien tendre et bien franche pour Henri IV. Ils se souvenaient de l'année 1577, où le jeune roi de Navarre avait tout bouleversé chez eux, et ils étaient trop sincèrement catholiques pour ne pas chercher à le combattre, soit d'abord en recevant dans leurs murs sa femme Marguerite, soit surtout en embrassant plus tard la cause de la Ligue. Ils partageaient en cela les sentiments de la Compagie de Jésus, et cette même conformité de vues ne fut pas une des moindres causes de la sympathie qu'ils montrèrent au nouveau collège. Il n'entre pas dans notre cadre de raconter ici quelle fut à l'égard d'Henri IV l'attitude des Jésuites pendant cette fin du siècle, ni les mesures diverses qui furent prises, soit en leur faveur, soit contre eux, par ce grand Roi. Indiquons seulement ce qu'avance Saint-Amans au sujet du Père Gautier, alors recteur du collège d'Agen. Lorsque Henri de Navarre fut devenu roi de France et que la Ligue agonisait, les Agenais lui firent solennellement leur soumission (1594). Seul, d'après l'auteur de l'*Histoire du département de Lot-et-Garonne*, le Père Gautier, recteur du collège, aurait énergiquement protesté, si bien qu'il fallut un commandement formel du général de l'ordre, le Père Aquaviva, pour lui imposer silence. Saint-Amans croit que ce Père Gautier ou Gauterius est le même que Gautery « continuateur de l'historien de Thou, qui, prèchant en 1610 devant Henri IV à Saint-Gervais, lui demandait au nom du ciel l'extermination de tous les protestants [2] ». L'abbé Barrère [3] conteste formellement ces faits, qui, d'après lui, ne reposent sur aucune base sérieuse. Quoiqu'il en soit, lorsque Henri IV signa, le 7

---

[1] Labénazie, Ms, T. II, livre V, chapitre XIV, p. 455 et suiv. Labénazie qui mourut dans la première moitié du xviiie siècle ne fait allusion ici, bien entendu, qu'à l'exil des Jésuites sous Henri IV.

[2] Saint-Amans, *Histoire du département de Lot-et-Garonne*, T. I, p. 455.

[3] Tome II, p. 371.

septembre 1603, l'édit de Rouen qui rétablissait légalement l'Ordre des Jésuites. déjà supprimé une fois à la suite de la tentative d'assassinat de Jean Chastel, dans le ressort des Parlements de Guienne, de Languedoc et de Bourgogne, il n'oublia pas de mentionner spécialement les villes de Bordeaux, de Toulouse et d'*Agen*. Nous ne croyons pas d'ailleurs qu'ils eussent jamais quitté cette dernière ville.

C'est en effet de 1591, date de leur arrivée, jusqu'aux premières années du xvii° siècle, que les Pères Jésuites s'organisèrent dans notre ville et consacrèrent tous leurs soins à l'achèvement du collège ainsi qu'à la construction de leur église. On sait que la maison La Cassaigne, où ils s'installèrent, était située dans le quartier Saint-Hilaire, derrière la tour de la Grande Horloge, et qu'elle occupait tout l'emplacement représenté aujourd'hui par la place de la République et les maisons circonvoisines. L'Eglise avait été élevée sur les terrains de la maison Delrieu, et elle comprenait toute la partie nord de la cour, c'est-à-dire qu'elle s'étendait le long de la rue Grand-Horloge, depuis la rue Maillé jusqu'au grand portail d'entrée. Nous donnerons du reste plus loin la description très détaillée des divers aménagements du collège d'Agen, lorsque les Jésuites le quittèrent et que les Oratoriens en prirent la direction. Ceux-ci, en effet, en firent relever le plan en 1781, plan dont l'original se trouve aux Archives Nationales à Paris. C'est ce plan, qui ne modifie en rien les premières et anciennes dispositions prises par les Jésuites, que nous offrirons à nos lecteurs.

Nous trouvons à foison dans nos Archives municipales les nombreux actes d'achat faits en ces temps-là par les Jésuites pour agrandir leur collège. Tels sont : le 27 octobre 1592, une cession de maison et jardin faite par Jehan Londrade, marchant, à Messieurs les Consuls, en faveur du collège des Jésuites ; — le 20 mars 1597, la vente judiciaire de la maison de feu Pierre Chabrié, faite au syndic du collège pour être jointe à l'église et aux classes, moyennant la somme de 300 francs [1] ; — un peu plus tard, le 20

---

[1] Archives municipales, GG. 210.

janvier 1623, l'achat par Pierre Jehan Pitard et Antoine Fous, supérieur et syndic du collège, à Rose de Cahuzières, demoiselle de Ricaud, de la terre de Bellevue, consistant en champs et vignes, au coteau de Saint-Vincent[1]; — enfin l'achat de toute une série de petites maisons attenant au collège, rue Maillé.

Vers cette époque mourut le sieur Darel, chanoine théologal de l'Eglise Cathédrale d'Agen, qui, par son testament du 22 mars 1600, institua « pour son héritier en tous ses biens » le collège des Jésuites d'Agen[2]. Une clause de ce testament est assez curieuse pour que nous la reproduisions : « Item, je donne et lègue à mon bien-aimé disciple, Me Antoine de Lascazes, bachelier en droict canon, faisant a present le cours en théologie en l'Université de Thoulouse, tous et chescuns mes livres et meubles qui sont dans mon estude pour d'iceux en faire à son plaisir et volonté après mon décès ; et au cas que je décède de la presant maladie et que je ne puisse parachever l'œuvre que j'ay bien avant avancé *De Triompho Crucis*, en vers elegiacques, et lequel je luy ay souvent communiqué, je prie ledit Lescazes de le parfaire et le mettre en lumière soulz mon nom, sans pour cela lui imposer charge ny necessité audit legat. » Par cette libéralité le collège se trouva de suite propriétaire, soit qu'il provint en partie du chanoine Darel, soit qu'il eût été agrandi plus tard par les Pères, d'un domaine important, situé à cinq kilomètres environ au nord-est d'Agen, sur les hauteurs qui dominent le vallon du Pont-du-Casse, qui portait le nom de Darel et qui consistait en maison, jardins, prairies, vignes, terres et bois. Nous relevons dans l'inventaire si précieux des titres des Jésuites de nombreux actes consentis dans la suite par les Pères concernant cette propriété[3].

A ce moment également, les Jésuites reçurent du Corps de ville, pour parfaire la somme qui leur avait été promise, la jouissance emphytéotique de la terre du Bedat, près d'Agen dont la nue propriété appartenait aux chevaliers de Saint-Jean de Jérusalem : ce

---

[1] Archives municipales, GG. 210.
[2] Idem, GG. 210.
[3] Idem, GG. 210.

qui occasionna dans la suite, en 1690, un long procès entre ces chevaliers, les Jésuites et les Consuls d'Agen. Il semble, du reste, que ces derniers aient pu difficilement tenir à cette heure leurs engagements envers le collège, témoins : la lettre du duc de Mayenne « mandant aux trésoriers généraux de la province de Guienne de lever sur le païs d'Agenois la somme de 1500 écus à rembourser aux Consuls d'Agen qui ont avancé pareille somme pour la construction du collège » ; et un peu plus tard les demandes réitérées des Consuls au Roi de répartir, en l'augmentant, « sur le pays d'Agenais qui ne paie rien, la pension de 1,300 livres payée uniquement par la ville d'Agen au collège, quoy que le bien d'iceluy soit général et réussit au bien public, les enfans d'Agen et autres qu'ils soient de la religion prétandue reformée estant instruits en iceluy. » Le Roi répondait par lettres patentes, enregistrées au Parlement de Bordeaux le 27 mai 1606, en autorisant les Consuls d'Agen à imposer exceptionnellement sur la ville la somme de 1300 livres due par eux au collège. Il les renouvelait en 1609[1].

Quelques années avant, le 4 août 1600, ce même Parlement rendait un arrêt sur la requête du syndic du collège, par lequel il décidait qu'une somme de 2,000 écus serait prise sur les revenus de la Reine Marguerite, pour l'extinction de la rente de 500 livres, octroyée par elle au collège et qu'elle ne pouvait pas payer. Un dépôt de 1,950 écus fut aussitôt fait, le 11 octobre, au nom de la Reine Marguerite, pour l'extinction de ladite rente[2].

D'un autre côté, l'Evêché d'Agen se déchargeait, quelques années plus tard, de la pension de 700 livres qu'il payait régulièrement au collège, moyennant la cession de la cure de Lougratte, « devenue vacante par suite de la démission de Me Pierre Lachaume, prêtre, dernier recteur d'icelle, faite par Mgr d'Elbène, Evêque d'Agen, aux R. P. Barthélemy Jacquinot, provincial de la Compagnie en Guienne, Frenton Gadanet et Louis Conald, recteur et

---

[1] Archives municipales, GG. 213.
[2] Idem, GG. 210.

syndic du collège d'Agen [1]. » En même temps, le syndic du collège prenait possession, le 25 février 1608, de la cure de Preyssas, acte que reconnut officiellement par une bulle le Pape Paul V [2].

La puissance des Jésuites grandissait chaque jour davantage ; mais ce n'était pas sans traîner après elle la médisance, la calomnie et de sourdes jalousies. L'assassinat d'Henri IV, crime dont longtemps on les accusa, sembla arrêter un moment leur marche toujours croissante. Ils eurent à soutenir un redoublement de haine de la part des Parlements, de la Sorbonne et de l'Université. Mais de cette lutte violente ils sortirent vainqueurs, plus forts que jamais. Les États-généraux de 1613 se prononcèrent en leur faveur, et, avec Richelieu qui s'en servit et les protégea, ils arrivèrent au faîte des grandeurs. A Agen, comme partout ailleurs, ils eurent à se plaindre dès leurs débuts d'insinuations malveillantes et de basses calomnies répandues contre eux, principalement par les autres Ordres religieux. Dès 1598, ceux-ci les accusèrent ouvertement de ne pas prier pour le Roi. L'Assemblée des Trois-Ordres prit en mains leur défense et protesta énergiquement contre cette accusation [3]. Ils eurent bien aussi à subir vers cette époque quelques vexations de la part des Consuls qui se plaignirent à plusieurs reprises de n'être pas invités aux séances publiques, ou bien de ne pas recevoir leurs visites ou celles du Provincial quand il venait à Agen. Ils cherchèrent même à les imposer outre mesure pour le paiement des tailles. Mais le peuple et les grands se prononcèrent toujours en leur faveur. Lorsque le duc de Mayenne, récemment nommé duc d'Aiguillon, vint, le 25 septembre 1618, faire son entrée solennelle, par la Porte-du-Pin, dans sa bonne ville d'Agen, comme gouverneur de la province, les Jésuites s'unirent aux Consuls pour fêter cette solennité ; et, entre autres revues, fêtes pu-

---

[1] Idem, 210. Longratte est encore une paroisse située dans le canton de Castillonnès, arrondissement de Villeneuve.

[2] Archives municipales, GG. 216. De nombreuses pièces existent dans cette liasse, relatives à cette union de la cure de Prayssas.

[3] Archives municipales, BB. 37.

bliques, musique et réjouissances de toutes sortes, ils firent représenter en son honneur, « par les escoliers une fort belle action,
pour sa bien-venue, sur le subject de l'arrivée d'Eneas en la ville
de Didon, et ayant sur le frontispice du théâtre ceste inscription en
deux vers, qui dénotait tout le subject de l'action :

> *Punica regna vides, Tyrios et Agenoris urbem,*
> *Vasconium fines, genus intractabile bello*[1]. »

Grande solennité religieuse également au collège des Jésuites,
le 7 août 1622, à l'occasion de la canonisation de saint Ignace,
leur fondateur. Tous les ordres religieux et paroisses de la ville y
assistèrent, ainsi que les deux chapitres de Saint-Etienne et de
Saint-Caprais. Monseigneur de Gélas y dit la messe, après que
tout le collège eut été le chercher processionnellement à son Palais
épiscopal : « Puis un feu de joie fut allumé sur le Gravier où les
écoliers étaient par bandes, avec des enseignes et sans armes. Il y
eut le soir quantité de feux d'artifices[2]. » Enfin, c'est également
dans l'église des Jésuites que fut prononcé solennellement, en 1629,
par les autorités municipales d'Agen, le vœu de consacrer une
lampe d'argent en l'église de Bon-Encontre, si la sainte Madone
obtenait la cessation de la peste qui ravagea, on le sait, si cruelle-
ment nos contrées.

Le commencement du XVII⁰ siècle fut pour les Pères Jésuites
l'époque la plus riche en hommes éminents. C'est le temps où bril-
lent : le Père Arnoux, confesseur influent de Lonis XIII, qui veut
pousser le monarque dans la voie de la tolérance et l'engage à se
réconcilier avec sa mère, comme aussi à ne pas combattre les protestants ; du célèbre Père Coton, qui contribua si puissamment à la
prospérité de l'ordre ; des Pères de Suffren, Caussin, etc. ; enfin du
fameux Père Garasse, qui, croyons-nous, vint prêcher à Agen et y

---

[1] Archives municipales, BB. 42.
[2] Labénazie, *Chronique Agenaise.*

faire apprécier ses qualités de critique acerbe, souvent injuste, toujours original [1].

Cependant les donations en faveur du Collège des Jésuites d'Agen affluaient toujours. Dans son testament du 24 novembre 1625 et son codicille du 27 mai 1629, dame Elisabeth Dupuy, épouse de François de Barrau, sieur d'Anferrus, institue pour son héritier son mari, et, après son décès, le collège des Jésuites d'Agen, « pour jouir de ladite hérédité à perpétuité, à la charge d'une fondation de résidence ou mission de ladite Compagnie à Nérac ; et de plus donne audit collège une maison, près la commanderie d'Argentens [2] ». Le 6 janvier 1630, c'est Jeanne Clavié, épouse du sieur Bertrand Salabert, qui donne au Collège quelques vignes sur le coteau de Saint-Vincent, « plus un jardin joignant ce Collège, au dessous de la chapelle de la Congrégation [3] ». Le vénérable Père P. Deschamps était alors recteur du Collège d'Agen. Mais la libéralité la plus importante dont fut gratifiée en ces temps-là la nouvelle institution du Collège fut la série de donations que Pierre Saulveur, chanoine théologal de Saint Etienne, fit, de son vivant, au Collège des Jésuites, qu'il semble avoir affectionné tout particulièrement.

---

[1] Nous lisons dans le manuscrit de Malebaysse, qui note avec une parfaite exactitude les différents prédicateurs qui vinrent prêcher à Saint-Etienne soit le carême, soit l'avant : « Les advent de Noël 1619 et le Garesme 1620, prescha à Sainct Etienne le Père Crasse, jésuiste. » Nous croyons fort que notre vieil annaliste s'est trompé seulement d'orthographe et qu'il a voulu désigner ici le Père Garasse, qui était vers cette époque professeur de rhétorique à Bordeaux. Le Père Garasse est célèbre par la violence de ses discours et l'acrimonie de ses attaques contre tous ceux qui combattaient son ordre, notamment contre Etienne Pasquier et notre compatriote Théophile de Viaud. Il se fit de nombreux ennemis et laissa en mourant de curieux écrits, parmi lesquels ses Mémoires. Si dans ses invectives il a souvent dépassé le but, on doit rappeler à sa louange que c'est en soignant des pestiférés qu'il fut atteint, en 1671, de la maladie dont il mourut.

[2] GG. 216

[3] Idem.

Le 16 août 1629, il dispose déjà de tous ses biens, à la réserve de ses meubles, parmi lesquels figure « son petit orgue, » quelques rentes et mille livres de capital, en faveur du R. P. Jordain Forestier et Pierre Dubois, recteur et syndic du collège des Jésuites. Le 21 décembre 1636, il constitue une rente de 90 livres pour être employée à une distribution de prix annuelle : « Sachent tous que dans la ville et cité d'Agen, collège des Révérends Pères Jésuites de la Compagie du nom de Jésus, ce jourd'hui, 21ᵉ du mois de décembre 1636, a été présent : Mᵉ Pierre Saulveur, chanoine théologal en l'église Cathédrale Saint-Etienne, lequel donne aux Pères Jésuites la somme de 1440 livres pour être mise en fonds solvable en telle personne assurée, pour en retirer la rente annuelle de 90 livres, et icelle être convertie à l'achat et distribution des livres de prix pour les cinq classes, suivant leur ordre accoutumé ez autres collèges; et ce chacun an, avec une action publique de tragédie ou autres ; ou, pour le moins, cela ne se pouvant commodément faire, il y aura quelque déclamation solennelle avec autres solennités que lesdits Pères aviseront, lesquels livres de prix seront marqués des armes et devises du sieur Saulveur: (Ex Munificentiâ Domini de Saulveur); laquelle susdite donation ledit sieur Saulveur affecte audit collège, ez personnes des Révérends Pères Fronton Gadault et Antoine Petit, recteur et syndic dudit collège, présans et acceptans ; et suivant l'avis de Mᵉˢ Géraud de Lescazes et Bernard de Faure, avocats en la Cour du Parlement de Bordeaux, etc. [1]. » Enfin le 14 janvier 1645, quelques jours avant sa mort, il renouvelle en faveur du collège d'Agen sa première donation « de tous et ung chacun ses biens meubles et immeubles sous la rézervation de la somme de 1500 livres d'une part que ledit Sauveur donne à Pierre Touanille, demeurant à son service, et 600 livres d'autre part pour être payées au sieur Cunolio, chanoine de l'église Saint Etienne d'Agen[2]. »

Pierre Saulveur , mourut le 31 janvier 1646. Il fut, ainsi qu'ont peut le voir, un des plus grands bienfaiteurs des Jé-

---

[1] Archives municipales, GG. 210, 214, 216, etc. (*Voir, en appendice, le texte in-extenso*).

[2] Archives municipales, GG. 216. Inventaire des titres des Jésuites.

suites. Aussi fut-il enterré dans le sanctuaire même de leur
église. Esprit indépendant, un peu frondeur, il conserva toute sa vie
sa liberté d'action et de parole et fut un des champions les plus
fervents qui se prononça contre l'épiscopat de saint Caprais. Citons
à cet égard l'anecdote suivante que rapporte, dans un style assez
naïf, le bon curé Labrunie, et le tour que lui jouèrent les Agenais,
furieux de ce que Saulveur avait fait casser l'ordonnance des Consuls
prescrivant qu'en l'honneur de Saint Caprais on chômerait le jour
de sa fête : « Saulveur prêcha l'avent de 1623 et le carême de 1624.
C'était l'usage, avant la Révolution, que les prédicateurs de l'avent
allassent prêcher le sermon des Innocents à la collégiale. Ce jour-là
Saulveur ne manqua pas d'aller à Saint-Caprais. Les corps rendus,
le peuple assis, le théologal veut commencer son discours. Mais
voilà l'organiste qui commence un tintamarre sur son orgue dont il
fait résonner les jeux les plus bruyants. Comme cela ne finissait pas
et que les Consuls qui étaient présents n'imposaient pas silence au
carillonneur ni à ceux qui l'avaient mis en jeu, ce vénérable ecclé-
siastique, aussi indécemment joué, se précipita de la chaire ; car
on en avait enlevé le marchepied [1]. » L'exécution de ses dernières

---

[1] *Abrégé chronologique des Antiquités d'Agen.* Saint-Amans dans sa *Biographie Agenaise,* tirée de celle de Labrunie, manuscrit encore inédit, qui faisait partie autrefois de la précieuse collection de manuscrits conservés à la
bibliothèque du château, consacre une douzaine de pages à Pierre Saulveur.
Il le fait naître à Toulouse l'an 1573 et venir en 1597 à Agen, où il acquit
tous ses grades en théologie et devint grand vicaire de Nicolas de Villars.
Ce ne fut que pendant l'épiscopat de Claude Gélas que, par l'imprudence de
sa parole comme par l'audace de ses écrits, il s'attira la haine des Consuls
et de la population. Ses discours contre l'épiscopat de Saint Caprais, ainsi
que son *Brief Recueil de l'histoire de Saint Caprais d'Agen,* où il soutenait que
ce saint n'avait jamais été Evêque d'Agen, lui suscitèrent toutes sortes de
misères et de déboires. Il n'est pas de calomnies que ses ennemis n'aient in-
ventées contre lui. Saint-Amans prend en main sa défense. L'abbé Barrère
au contraire, dans sa nouvelle *Dissertation sur l'épiscopat de saint Caprais*
(appendice à son ouvrage de *l'Ermitage de Saint-Vincent de Pompejac,*)
l'attaque violemment et se fait l'écho trop fidèle des insultes répandues
jadis, peut-être à tort, contre lui. Laissons, quant à nous, dormir en paix sa
mémoire, et ne nous rappelons ici que les bienfaits dont il combla le Collège d'Agen.

volontés ne laissa pas que de créer quelques difficultés aux Pères Jésuites: nous en avons pour preuve la convention qui fut passée, le 8 mai de cette année, entre l'abbé de Clérac et le collège d'Agen « pour les sommes dues par l'abbaye de Clérac à feu M° Saulveur, donateur du Collège ». Signèrent: MM. Paul Garganty, chanoine du chapitre de Saint-Jean de Latran, pour l'abbaye de Clérac, et les Pères Pierre Pelleprat et Jean La Rhède, syndic et recteur du Collège d'Agen[1].

Nous trouvons du reste à cette époque de nombreuses pièces intéressant l'administration du Collège. Citons entre autres: la requête présentée au Roi par le syndic, dans laquelle il expose la prochaine ruine des bâtiments du Collège, et, en réponse, l'arrêt du Conseil et la lettre d'assiette de Sa Majesté, portant permission d'imposer la somme de 6,000 livres sur les taillables du pays d'Agenois pour être employée aux réparations de ladite maison, des 23 septembre 1634 et 19 mars 1655[2]; plus, d'autres lettres patentes de Louis XIII, du 20 mai 1637, portant permission au Collège d'Agen « de pouvoir, jusqu'à 4,000 livres de revenus annuels, accepter, prendre et recevoir toute donation de bien, meubles et immeubles etc., pour son entretien, en plus des 4,000 livres qu'il possède déjà, « attendu que le Collège d'Agen, une des principales villes de notre province de Guienne, a été établi, il y a quarante ans, sans avoir, jusqu'à présent, suffisament été dotté pour y pouvoir instruire la jeunesse, comme les Pères le désirent, travailler à la conversion des âmes dévoyées des lieux circonvoisins, cultiver celles des fidèles, et porter les ecclésiastiques du diocèze par leurs bons exemples à bien et dignement exercer leur ministère[3] ».

Louis XIII, on le voit, et avec lui son grand ministre Richelieu, ne cessa de protéger le Collège des Jésuites d'Agen. C'est que tous deux reconnurent de bonne heure l'excellence de la méthode de la

---

[1] Achives municipales, GG. 210.

[2] Archives municipales, GG. 216.

[3] Archives de l'Evêché, F. 69; (Archives de la Gironde, 3295.)

Compagnie de Jésus et la perfection de leur enseignement. Seuls directeurs de la jeunesse d'alors, les pères Jésuites façonnèrent à leur guise cette pleiade de grands hommes qui illustrèrent la France au xviie siècle ; et on peut dire véritablement que c'est grâce à eux, et à eux seuls, que s'épanouit si brillamment, quelques années plus tard, le siècle de Louis XIV.

On a depuis longtemps fait connaitre le programme des études des Jésuites sous l'ancienne monarchie. On sait quelle place importante le célèbre fondateur de l'Ordre, dans ses Constitutions, donna « aux lettres, à la grammaire, à la rhétorique des diverses langues, à la logique, à la philosophie naturelle et morale, à la métaphysique, à la théologie, au droit canon, à l'histoire, à l'Ecriture Sainte ». Outre ces matières qui étaient enseignées de la cinquième à la première classe, les sciences exactes comme la physique, les mathématiques, l'astronomie, et jusqu'à la médecine n'étaient nullement dédaignées. Mais la dialectique, les compositions, les dissertations faisaient, avec la langue latine qui était couramment parlée par les élèves, le fond de cet enseignement unique jusque-là. Tout était à créer. Aussi les Jésuites furent-ils les premiers à écrire et à publier eux-mêmes les livres classiques qu'ils apprenaient à leurs élèves. Des milliers d'ouvrages sur toutes les branches de l'enseignement parurent au xviie siècle, composés par les Pères Jésuites, dont quelques-uns sont encore universellement appréciés. Gratuite pour tous, l'instruction était des plus sévères ; et c'est encore un point discutable que de savoir si les châtiments corporels, qui furent dès les débuts de l'Ordre infligés aux élèves, ne constituent pas un défaut dans cette admirable organisation. Pour ceux de nos lecteurs, qui, avides de connaitre le plan et l'ordre des études des Jésuites, voudraient approfondir cette si intéressante question que le cadre malheureusement trop restreint de notre travail nous empêche de traiter ici, nous les renvoyons au texte même si détaillé des *Constitutions de l'Ordre par Ignace de Loyola*, ou au travail si remarquable et déjà cité de M. Crétineau-Joly [1]. Disons

---

[1] Histoire religieuse, politique et littéraire de la Compagnie de Jésus. T. IV in-8°, p. 183 et suiv.

seulement qu'à côté des fortes et sévères leçons qu'ils apprenaient à leurs élèves, les Jésuites n'excluaient pas de leur programme les distractions aimables, comme les beaux-arts, la musique, la danse, l'escrime et tous les exercices du corps, et qu'il était d'usage, dans tous les collèges, de clore chaque année scolaire par une représentation théâtrale, à laquelle étaient conviés non seulement les parents, mais toutes les autorités religieuses, civiles et militaires, et les personnes les plus marquantes de la ville. Le collège d'Agen resta toujours fidèle à cette règle, qui lui avait du reste été imposée, on le sait, par le testament du chanoine théologal Saulveur. Nous sommes heureux, bien qu'il soit postérieur de plus d'un siècle à l'époque qui nous occupe, de pouvoir ici donner, comme preuve, le programme suivant de la tragédie et de la comédie qui furent représentées au Collège des Jésuites d'Agen, en l'année 1757, à l'occasion de la distribution des prix :

MAHOMET SECOND

Tragédie en trois actes,

Sera représentée le xvii et le xix aoust, à trois heures après Midi, avec

LE MONDE DÉMASQUÉ

Comédie en trois actes,

Par les écoliers du Collège de la Compagnie de Jésus.

I. — ACTEURS DE LA TRAGÉDIE :

	Messieurs :
Mahomet second.	*Delpech.*
David Comnène, empereur de Trébizonde.	*Barennes.*
Zizim, fils de Mahomet.	*Meydieu.*
Antonin, fils de Comnène	*De Montpezat.*
Théodore, neveu de Comnène	*Laboissière.*
Nicetas, confident de Comnène.	*Descamps.*
Lisandre, gouverneur de Théodore	*Laplace.*
Acomat, confident de Mahomet.	*Meleau.*
Dervis	*Desfaures.*

Un janissaire. — Troupe de soldats.

La scène est à Trébizonde.

II. — ACTEURS DE LA COMÉDIE :

Messieurs :

Longuevue, faux niais. . . . . Desfaures.

Grosfin, frère de Longuevue, faux rusé . . . . Labarthe.

Piocheville, faux marquis . . . . Rozières.

Bellemontre, faux riche. . . . . De Navelet.

Richet, faux pauvre . . . . Vergnes.

Content, faux heureux. . . . . Delher.

Sucret, faux ami . . . . Fabre, cadet.

Rude-Epée, faux brave. . . . . Fabre, l'aîné.

Vantardius, faux savant. . . . . Trérieux.

Furet, valet de Longuevue . . . . Cases.

Lubin, valet de Bellemontre. . . . . L'Eglise.

Simon Pioche, païsan. . . . . Gassou.

La scène est à Vires.

Danseront au Ballet, de la composition du sieur Mignot,

Messieurs :

Marliac, l'aîné.	*Costebarterre.*
Cabasse.	*Maurin.*
Rozières.	*Le chevalier de Redon.*
De Redon des Fosses.	*Guitard.*
Marliac, cadet.	*Seycheron.*
Astié.	*Gimbrèdes.*
Mignot.	

A Agen, chez Raymond Gayau, libr.-imp. du Collège. — 1757 [1].

---

[1] Cette curieuse pièce se trouve aux Archives dép. de Lot-et-Gar. (Fonds non classé.)

Depuis le milieu du xviiᵉ siècle, époque où fut définitivement organisé le Collège d'Agen, jusqu'en 1762, année du départ des Jésuites, les renseignements sur leur compte se font plus rares. C'est que tout marchait à souhait chez eux et que le fonctionnement régulier des études n'eut à recevoir, durant ce laps de temps, aucun contre-coup des évènements extérieurs. Aussi ne citerons-nous, pour ne pas fatiguer le lecteur, que les faits les plus importants qui ressortent de cet amas de titres, pour la plupart insignifiants.

Il semble toutefois qu'un vent d'orage et de sédition ait soufflé plus ou moins fortement, mais cependant d'une façon continue, sur le Collège d'Agen durant les quinze ou vingt années qui précédèrent la Fronde. A cette époque, les écoliers n'étaient pas tenus comme de nos jours. Ils n'étaient pas enfermés la nuit au Collège, et la plupart, contrairement à ce qui se passe de notre temps, étaient externes, soupaient et couchaient en ville. Ils se réunissaient le soir aux mêmes endroits, et ils formaient comme une véritable corporation, jalouse de son indépendance et de ses privilèges. Inutile d'ajouter que celui auquel ils tenaient le plus était de pouvoir, la nuit, courir librement les rues, faire du tapage, et « chercher noise aux honnestes dames comme aux paisibles bourgeois ». Les choses allèrent si loin que, le 23 avril 1636, les consuls se réunirent « pour faire deffense aux escholliers de porter des armes, de s'assembler, d'élire des chefs. C'est l'arrest donné par Messieurs de la Cour et Chambre de l'Edict par lequel est faict inhibition et defense à toutes sortes de personnes de faire aucun monopole ny assemblées, ny battre le pavé de nuict, et particulièrement aux escolliers, auxquels est aussi deffendu de faire eslection d'aucun prieur parmy eux, ny porter armes, et à peine de mille livres et d'estre punis comme perturbateurs du repos public. Et aussi est adjoint aux escolliers qui n'étudient pas en la présente ville de se retirer en leur pays. Et lendemain, la publication a esté faite aux lieux ordinaires et devant le Collège [1] ». Deux ans plus tard,

---

[1] Archives municipales, Journal des Consuls. BB. 55.

et à l'occasion de l'entrée de M. de Foule, magistrat au Parlement de Bordeaux, les Consuls défendent aux écoliers de former une compagnie à part. En 1641, de graves désordres se produisent au Collège, et les Pères Jésuites sont obligés d'avoir recours aux Consuls pour que ceux-ci fassent détenir deux jours, à la maison de ville, un élève de philosophie qui avait refusé de leur obéir [1]. Enfin, en 1651, le scandale est si grand que Messieurs les Consuls sortants se croient obligés d'appeler tout particulièrement l'attention de leurs successeurs sur la conduite et la tenue de Messieurs les écoliers. « En troisième lieu, nous vous exhortons d'avoir un soin tout particulier du Collège et de visiter parfois les classes, pour prévenir les *monopoles des escholliers* qui se sont grandement émancipés par la licence du temps, jusqu'à vouloir donner la loi à leurs maîtres et faire des ligues contre eux, pour ne pas observer les règles du Collège : à quoy nous avons fort insisté ; et mesme à ce que, despuis ces désordres du temps, quelques uns desdits escholliers et particulièrement quelques Montaignards avaient entrepris, sans nostre adveu ny permission, de faire une Compagnie où ils estaient desja une cinquantaine d'enrollés. Ce qui est de très perilheuse conséquence » . Et un peu plus loin, ils les adjurent encore « de faire très expresses deffences aux escholliers et autre jeunesse de ceste ville, de fréquenter tant lesdits brelans que autres lieux infames, où elle se perd et prend de très mauvaises impressions [2] ». Il est probable que les Pères Jésuites eurent facilement raison de ces jeunes cervelles, enflévrées par les idées et le tourbillon de la Fronde, quand l'orage de 1652 se fut apaisé ; car depuis cette époque il n'est plus relaté dans nos archives aucun fait de ce genre, pas plus qu'aucune nouvelle plainte n'est formulée contre la conduite de Messieurs les écoliers.

— L'an 1648, M. l'abbé d'Estrades, nous dit Labénazie dans sa chronique agenaise, fut sacré évêque de Condom par Monsei-

---

[1] Archives municipales, BB. 55.

[2] Archives municipales, Journal des Consuls. BB. 58, p. 83 et suivantes.

gneur d'Elbène, assisté de MM. de Cahors, de Bazas et de Comminges. La cérémonie se passait dans l'église des Jésuites d'Agen.

La série des donations en faveur du Collège ne se ralentissait pas. Par son testament du 15 novembre 1644, demoiselle Nicole de Veaux, veuve de M. de Sevin, lègue au Collège d'Agen la somme de 9,000 livres « afin qu'il soit fondé tous les ans, durant trois mois, une mission dans l'Agenais, le Condomois ou tel autre lieu qu'il plaira au R. P. Provincial ». Suivent les copies authentiques des Lettres Patentes du R. P. Général Vincent Caraffa, en exécution de cette fondation [1]. Le 26 septembre 1653, M⁰ Pierre Lisse, sergent royal, lègue au même Collège « sa maison qui est vis à vis, appelée la *maison de Lisse*, à la charge par les Jésuites de dire dans leur église quatre messes de *Requiem* tous les ans et à perpétuité, une le jour de son décès, et les autres le jour de Saint-Jean-Baptiste [2]. » Un peu plus tard le 1ᵉʳ août 1680, c'est une « Police portant échange de latrines entre les R. P. Ignace Tartas et Pascal Mouleau, recteur et syndic du Collège, et demoiselle Elisabeth de Redon, veuve de M. de Sevin » dont la maison était, on le sait, voisine du Collège [3]. Le 22 mars 1660 une transaction est passée entre le syndic du Collège et les Consuls d'Agen « portant restriction de l'intérêt du capital de l'argent donné par la reine Marguerite, du denier douze qu'il était au denier quinze [4] ». En 1668, Claude Joli comprend dans son interdiction de confesser et de prêcher sans son autorisation les Pères Jésuites aussi bien que les autres religieux de la ville. Il eut même quelques démêlés assez sérieux avec le P. Blanchard, alors recteur du Collège d'Agen [5]. Cinq ans plus tard, le Père Sevin, recteur dudit collège, obtient du même évêque un visa d'indulgence qu'il avait demandé.

Voici une lettre qui nous donne d'intéressants détails sur l'état

---

[1] Archives municipales: Inventaire des titres des Jésuites. GG. 210.
[2] Idem.
[3] Idem.
[4] Idem.
[5] Archives de l'Evêché, F. 33.

de notre pays à cette époque, et que le Père Viledon, recteur du Collège d'Agen, en 1677, écrivit le 27 août de cette année au fameux Père Lachaise, confesseur de Louis XIV, alors tout puissant sur l'esprit du Roi :

« Agen, ce 27 août 1677.

« Mon Réverend Père,

« Je ne sçaurais partir de cette ville sans témoigner à V. R. la profonde reconnaissance que j'ay, et que je conserverai toutte ma vie, pour l'égard qu'elle a eu la bonté d'avoir aux lettres que je me suis cru obligé de lui escrire. La bonté et la charité qui sont le fonds de V. R. me donne le courage de joindre à tous les très humbles remerciments que je lui fais la demande d'une nouvelle grace pour cette ville, où je suis depuis près de quatre ans. Je la puis assurer que dans les troubles derniers de Bordeaux, tout le monde eut icy une fidélité merveilleuse et digne de bons sujets de sa Majesté. Tous les jours et encore plus touttes les nuits, tous les principaux estaient dans une continuelle vigilance. Je les en felicitais à toute heure, et je les en louerai toujours. Depuis ce temps le continuel passage des gens de guerre et surtout le quartier d'hyver dernier, ce quartier dis-je qui a duré six mois entiers, ont extremement incommodé cette ville. Cette année nous y avons eu presque famine; bien deux mille pauvres, avec des visages à faire peur. La récolte est encore beaucoup moindre que la précédente. Et l'on y aura grand besoin de la présence de Monseigneur l'Evèque, et bien plus de la descharge d'un quartier d'hyver, et de tant de logements. J'ay esté en beaucoup de villes; mais je n'ay jamais veu plus de pauvreté. Et l'assiduité que j'ay cüe aux confessions m'a fait connaistre cette grande indigence. J'ose donc recommander à la charité de V. R. la cause des miserables, dont un quartier d'hyver causerait la ruine. Je recommande au confesseur du plus grand et du meilleur Roy du monde la cause d'une ville certainement très-fidelle. Je recommande à un si grand Jésuite une ville intimement affectionnée à nostre Compagnie. Et je recommande au soin de sa charité une ville fort affligée par la stérilité et par beaucoup de maladies. Monsieur de l'Age qui lui presentera cette lettre est un gentilhomme de qualité, qui a esté très longtemps dans le service, qui est nostre fort bon amy et qui est beau-frere du R. P. Rhedon, recteur d'Angoulème. Je pars ce matin même pour Bourdeaux où j'auray l'honneur de saluer Monsieur nostre Gouverneur, et je suis assuré que je lui ferai plaisir en lui marquant les sentiments de V. R. Cependant je la prie de croire que je suis avec un profond respect, etc. [1] »

Le diocèse d'Agen doit s'enorgueillir de compter au rang de ses évêques Jules de Mascaron (1679-1703). Le célèbre prédicateur de la Cour fit son entrée solennelle dans la ville d'Agen, le 1er mai 1680 et depuis ce moment jusqu'au jour de sa mort, il ne cessa de se prodiguer, aussi bien dans l'intérêt des fidèles que dans celui de la religion, qu'il était chargé de défendre. Au milieu des nombreuses visites pastorales qu'il fit dans son diocèse et où son zèle, sa charité, sa douceur opérèrent de nombreuses conversions, Mascaron n'oublia pas de protéger le collège des Jésuites. Dès son arrivée, il le prit en grande affection et il le visitait souvent. Le 21 juillet 1682, il voulut y établir un régent de logique, et, à cette intention, il unit un bénéfice au collège, ordonnant que tous les ans le professeur ferait son cours. Labénazie ajoute, que « bien que l'union ne lui ait pas survécu, le cours n'en continue pas moins depuis ce temps-là. »

D'un esprit plus pratique et d'un cœur moins enthousiaste, Mgr Hébert, qui succéda à Mascaron sur le trône épiscopal d'Agen, et qui passe, à tort ou à raison, pour avoir embrassé la cause Janséniste, ne partagea pas, à l'égard des Jésuites d'Agen, les sentiments de jalousie et de haine, que professèrent l'un contre l'autre, pendant tout le XVIIe siècle, ces deux grands partis religieux. Il continua au contraire envers le collège l'œuvre de son prédécesseur, et ce fut pendant son épiscopat et grâce à son zèle que les Jésuites d'Agen accrurent considérablement leurs revenus, du reste insuffisants. Dès l'année 1713 et sur la

____

[1] Archives municipales. AA. 38.

prière du père Louis Le Comte, recteur du Collège d'Agen et du père Jean Hazera, syndic, Mgr Hebert consentit à écrire au Roi pour l'informer que les revenus du Collège ne pouvaient suffire à l'entretien des régents, et pour lui représenter combien il était utile qu'il vînt en aide à cette œuvre dont l'utilité était incontestablement reconnue. Sa demande fut écoutée ; et, le 3 juin 1713, le roi octroyait au collège d'Agen les Prieurés de Marmande, Puiguiraud, Clermont-Dessous, Tombebœuf et Marsac, dépendants de l'ancienne abbaye de Clairac, qui avait été unie au chapitre de Saint Jean de Latran de Rome, prieurés dont la collation et la disposition toutefois appartenaient au Roi. Voici du reste le texte de cet important brevet d'union ; nous le reproduisons in extenso :

« Aujourd'huy 3e du mois de juin 1713, le Roi étant à Versailles, ayant été informé par le sieur Evêque d'Agen de la necessité de conserver le Collège que les Jésuites possedent dans la ville d'Agen pour le bien et l'utilité que son diocese et les provinces voisines en retirent, et que ledit Collège n'est pas suffisant pour l'entretien des regens et autres personnes qui y sont necessaires ; Sa Majesté voulant par ces considerations gratifier lesdits Pères Jesuites et contribuer au bien public en augmentant la fondation dudit Collège, leur a fait don des prieurés de Marmande, de Puyguiraud, de Clermont, de Tombebœuf et de Marsac, dépendants cy-devant de l'abbaye de Clairac, de l'ordre de saint Benoit, du diocèse d'Agen, à present unie au chapitre de saint Jean de Latran de Rome ; desquels prieurés situés dans ledit diocèse d'Agen, la collation et toute autre disposition appartient à Sa Magesté, laquelle, par ce présent brevet, consent à la suppression et extinction des titres desdits prieurés et à l'union des fruits, revenus, émoluments, droits et privilèges qui en dépendent, audit Collège des Jesuites d'Agen, pour en augmenter la fondation et dotation ; laquelle union n'aura néanmoins son effet que lorsque lesdits prieurés viendront à vaquer par mort, démission ou autrement, sans que les possesseurs d'iceux les puissent résigner, permuter ni autrement en disposer, à la charge que, quand ladite union aura son exécution et que ledit Collège sera en possession et puissance des revenus desdits prieurés, il sera obligé d'acquitter ou faire acquitter toutes les charges et fondations dont ils

peuvent être tenus ; à l'effet de quoy seront expediées toutes les lettres sur ce necessaires, m'ayant Sa Majesté pour témoignage de sa
volonté, commandé d'en expédier ledit present brevet qu'elle a signé
de sa main et fait contresigner par moy, conseiller-secrétaire d'Etat
et de ses commandemens et finances ; ainsi signé Louis et plus bas
Voysin [1]. »

Suivent les nombreuses pièces à l'appui de ce don, telles
que le procès-verbal des enquêtes *de commodo et incommodo*
fait par Mgr Hébert à la date du 12 décembre 1713, le décret d'u-
nion desdits prieurés rendu par l'Evêque d'Agen, le 5 janvier 1714,
les Lettres patentes du 17 avril, enfin l'acte de prise de possession
desdits prieurés par le syndic du Collège, du 13 avril de la même
année [2]. Nous ne relèverons dans ce volumineux dossier, où nous
voyons que cette union ne se fit pas sans soulever de nombreuses
protestations, que les noms de : Rolland Hébert, diacre du diocèse
de Paris, prieur de Clermont Dessous, Jean Antoine de Maroules,
clerc tonsuré, prieur de N.-D. de Marmande, Firmin de la Cour,
prieur de Tombebœuf, Charles Dusault, prieur de Puyguiraud, et
enfin Paul Annet de Montesquiou-Saintrailles, prieur de Marsac,
avec lequel les Jésuites engagèrent un assez long procès. Suit enfin
comme preuve de l'insuffisance des ressources du Collège d'Agen,
l'état des revenus et charges dudit collège en l'année 1713. Les revenus consistent dans : les métairies de Darel et du Bedat, qui rappor-
tent annuellement 600 livres. ; les faisandes de Saint Joseph et de
Bellevue, 300 l. ; la vigne et le pré de Vacqué et les fossés du fort
de Clairac, 100 l. ; les loyers des maisons de ville et provenance
des fours, 300 l. ; les cures de Lougratte, de Prayssas et de Scan-
daillac, 2800 l. ; la pension de la ville, 1200 l. : la pension du chapitre de Saint Etienne, 300 l. ; celle du chapitre de Saint Caprais,
290 l. ; la rente constituée par l'abbé de Clairac, 319 l. ; enfin celle
constituée par le marquis de Marin, 137 l. Total des revenus, 6346 l.

---

[1] Archives de l'Evêché d'Agen. F. 33. Voir aussi : Archives municipales
GG, 210 et 216; Inventaire des titres des Jésuites.

[2] Idem.

Les charges se montent à la somme totale de 4712 livres. Revenus nets, 1634 livres, sur lesquelles il faut nourrir et entretenir dix-sept Jésuites, pères ou frères, nécessaires au fonctionnement du Collège. Ce qui est tout à fait insuffisant [1]. Aussi, lorsque cette union fut effectuée, et que deux ans après, en 1715, le recteur du Collège d'Agen eut à transmettre à Mgr Hébert, avec tous les supérieurs des autres Ordres religieux de la ville, l'état des revenus et charges de son Couvent, il reconnait que, toutes les charges étant déduites, il reste encore, comme revenus, la somme de 2300 livres, « bien nécessaire, ajoute-t-il, pour l'entretien des dix-huit à vingt Jésuites, qui occupent le Collège [2] ».

Nous ne trouvons plus, depuis cette époque jusqu'au moment de la suppression des Jésuites, aucun acte important à signaler, dans les archives du Collège. Les études suivaient paisiblement leur cours. Les classes étaient fréquentées par la plupart des jeunes gens de la ville et des environs, dont quelques-uns, comme le Maréchal d'Estrades au commencement du xviiᵉ siècle et bien d'autres plus tard, devinrent la gloire de leur pays. Les animosités des autres Ordres religieux contre les Jésuites s'étaient éteintes depuis longtemps, et leur popularité restait toujours aussi grande dans l'esprit de la population agenaise. Leur église était le rendez-vous habituel de l'élite de la société d'Agen. Mgr de Chabannes, qui occupa le siège épiscopal de cette ville de 1735 à 1767, aimait souvent à s'y rendre et à y célébrer les saints offices. C'est là qu'il prononça, le dimanche de quinquagésime, 28 février 1740, un important discours que les presses de R. Gayau nous ont conservé, ainsi qu'en l'année suivante un très remarquable panégyrique de saint François Xavier de la Compagnie de Jésus.

D'un autre côté les consuls, dans leurs livres de comptes comme dans leur journal, ne parlent des Pères Jésuites qu'avec éloges et respect. Nous avons pour preuve de la bonne intelligence qui ne cessa de régner entre eux l'offre que ces derniers firent, en 1745,

---

[1] Archives de l'Evêché. F. 33.
[2] Idem.

à l'occasion de la dédicace d'une thèse, d'un grand dîner dont les frais se montèrent à la somme de 70 livres [1]. Rien ne faisait donc prévoir, à Agen, la crise qui se préparait ; rien ne semblait y annoncer l'orage, qui déjà cependant, dès le milieu du xviiie siècle, grondait sourdement au dehors.

— On comprendra facilement que nous ne pouvons faire entrer dans le cadre si restreint de cette notice l'histoire de la suppression des Jésuites, ni même seulement en indiquer les causes. De nombreux ouvrages ont du reste été écrits sur cette matière, auxquels nous renvoyons nos lecteurs [2]. La coalition des Jansénistes, des philosophes, des Parlements, de l'Université, de la Sorbonne, contre les disciples d'Ignace de Loyola, la faillite retentissante du Père La Valette à la Martinique, la jalousie du haut clergé et des autres ordres religieux, la faiblesse des Bourbons sur tous les trônes qu'ils occupaient en Europe, la marche toujours plus envahissante et exigeante de l'esprit public, furent autant d'obstacles opposés aux Jésuites et que ceux-ci ne purent vaincre ; si bien que, commencée en Portugal contre eux par le marquis de Pombal dès l'année 1754, la lutte s'étendit rapidement en Europe, partout où ils avaient établi leur puissance, et que, atteints en 1761 en France, ils succombèrent sans seulement se défendre, l'année suivante, et se virent définitivement expulsés par tous les Parlements déchaînés contre eux. En vain le 1er mai 1762, le clergé de France se réunit-il à Paris en assemblée extraordinaire pour obtenir le maintien en France de la Compagnie de Jésus. Les parlements furent inexorables ; et chacun dans sa province, poussé par les philosophes, rendit bientôt un arrêt final. Le Parlement de Bordeaux fut un des premiers qui crut tenir à honneur d'expulser les Jésuites de son ressort. Le 26 mai 1762, c'est-à-dire plus de deux mois avant l'arrêt du Parlement de Paris

______

[1] Archives municipales. CC, 439.

[2] *Histoire religieuse, politique et littéraire des Jésuites* par *Cretineau-Joly*. Tome V. — *Histoire de la suppression des Jésuites au xviiie siècle* par *Collombet*. — *Histoire impartiale des Jésuites* par *Linguet*. — *L'Église et les philosophes au xviiie siècle* par *Lanfrey*, etc., etc.

(6 août), il prononçait sa sentence, et dès le lendemain il donnait des ordres pour qu'elle fût partout rapidement exécutée. La nouvelle fut accueillie à Agen avec une véritable douleur ; et nous voyons l'Intendant de Bordeaux être obligé d'écrire plusieurs fois aux consuls, notamment le 5 juin 1762, pour leur envoyer « plusieurs exemplaires de l'arrêt de la Cour, afin qu'ils s'y conforment et aussi à ce qui convient le mieux pour l'éducation de la jeunesse [1]. » Les Agenais gardèrent les Jésuites dans leur ville deux mois encore après qu'eut été rendu l'arrêt de la Cour de Bordeaux. Néanmoins il fallut céder aux ordres supérieurs et s'incliner devant la volonté du Roi.

Ce fut le 1er août 1762 que les Jésuites évacuèrent définitivement le Collège d'Agen. Ils l'avaient occupé cent soixante et onze ans.

Un inventaire fort détaillé de l'état du Collège, la veille du départ des Jésuites, nous donne les noms de tous les Pères qui l'occupaient à cette époque, avec quelques notes sur leur situation respective. Nous croyons devoir reproduire ici cette pièce intéressante :

Faisaient partie du Collège des Jésuites d'Agen, le 31 juillet 1762 au soir :

Le R. P. *Jean Carmagnac*, recteur ; né à Angoulême le 12 février 1713, entré en religion le 2 octobre 1728. « Retiré dans son pays. N'a aucune ressource ; ses parents n'ont qu'une fortune très médiocre. »

Le R. P. *Jean-Raymond Massonneau* [2] ; né à Marmande le 6 juin 1708, entré en religion le 26 décembre 1724. « Actuellement à

[1] Archives municipales. GG. 214.

[2] A propos de l'arrêt rendu par le Parlement de Bordeaux, ordonnant aux Pères Jésuites de renoncer par abjuration à tout ce qui était contenu dans leurs constitutions, Malebaysse nous apprend, à la page 492 de son manuscrit, que pas un des Jésuites du Collège d'Agen ne prononça cette abjuration, « à l'exception d'un nommé Massonau de Marmande, qui, même après l'avoir faite, voulut par remords de conscience faire sa rétractation ; mais elle ne fut point reçue de M. le Procureur général du Parlement, qui lui conseilla au contraire de rester fort tranquille chez luy. »

Marmande. N'a qu'un frère, lequel est chargé d'une nombreuse famille avec un bien médiocre. »

Le R. P. *François-René Rasseteau* ; né à... le 3 août 1676, entré en religion le 2 septembre 1695. « Actuellement à Agen ; ce religieux, âgé de 87 ans, est sans parents et sans aucune ressource ; M. Charrière à Agen l'a reçu chez lui par charité. »

Le R. P. *Bernard Daubas* ; né à Agen le 17 juillet 1687, entré en religion le 16 octobre 1708. Mort à Agen environ deux mois après sa sortie du Collège.

Le R. P. *Louis Miral;* né à Tulle le 16 juin 1700, entré en religion le 7 septembre 1718. « Retiré dans son pays, ne peut rien exiger de ses parents : mais, comme ils sont à leur aise, il y a apparence qu'ils ne le laisseront pas manquer de nécessaire. »

Le R. P. *Bertrand Laborde,* professeur de théologie ; né à Périgueux le 15 novembre 1711, entré en religion le 23 octobre 1731. « Retiré chez les Pères Recollets à Sarlat. N'a aucune ressource du côté de ses parents qui sont très mal à leur aise.»

Le R. P. *François Roby,* professeur de théologie scolastique ; né à Limoges le 26 décembre 1714, entré en religion le 29 novembre 1732. « Retiré à Limoges. Appartient à des parents pauvres et n'a d'ailleurs aucune ressource. »

Le R. P. *Sicaire Boissat,* préfet du Collège ; né à Clermont en Auvergne le 19 décembre 1726, entré en religion le 4 août 1746. « Retiré chez lui. N'a aucune ressource, ses parents étant pauvres.»

Le R. P. *Jean Chaufour,* professeur de physique ; né à Tulle le 19 juin 1728, entré en religion le 19 octobre 1746. « Retiré dans son pays. N'a aucune espèce de ressource. »

Le R. P. *Jacques-Thomas Bridault,* professeur de logique ; né à La Rochelle le 3 avril 1730, entré en religion le 16 septembre 1749. « Retiré dans son pays, ce religieux n'a pas fait encore ses derniers vœux et peut rentrer dans ses biens. »

Le R. P. *Pierre-Raphaël Joubert*, procureur ; né à Saintes le 28 janvier 1729, entré en religion le 18 janvier 1745. « Retiré dans son pays, ce religieux a des parents riches. M. l'Evêque de Saintes lui a donné un logement et la table et fera sans doute quelque chose pour luy, aussitôt que les circonstances le permettront. »

Les susdits onze Jésuites étaient prêtres ; les cinq suivants étaient régents des basses classes :

Le P. *Antoine Desvignes* ; né à... le 5 janvier 1737, entré en religion le 20 décembre 1752. Il était professeur de rhétorique. « Peut rentrer dans ses biens. »

Le P. *Paschal Vidal*, régent second; né à... le 28 may 1838, entré en religion le 6 septembre 1755. « Peut rentrer d'ns ses biens.»

Le P. *Pierre-Xavier Robert*, régent troisième; né à... le 12 octobre 1737, entré en religion le 7 septembre 1755. « Peut rentrer dans ses biens. »

Le P. *Jacques Lachaud*, régent quatrième; né à... le 19 janvier 1740, entré en religion le 13 novembre 1756. « Peut rentrer dans ses biens.»

Le P. *Guillaume Minard*, régent cinquième ; né à... le 15 octobre 1740, entré en religion le 21 septembre 1758. « Peut rentrer dans ses biens.»

Le frère *Pierre Javarsat*, portier; né à... le... entré en religion le 7 septembre 1752.

Le frère *Bernard Haurat*, proviseur ; né à ..., le 15 août 1729 ; entré en religion le 4 décembre 1759.

Le frère *Martin Bonneau*, cuisinier ; né à...... le 1er janvier 1735 ; entré en religion le 12 mars 1753.

Il y avait un quatrième frère, qui est encore à Agen, dont on ne sait ny le nom, ny l'âge, ny de quel païs il est.

Les Jésuites étaient au nombre de vingt dans le Collège, lors de la sortie, quoique ordinairement ils ne fussent que seize ou dix-huit au plus. Ils fermèrent leurs classes d'abord après Pentecôte [1] ».

III. — LES DOMINICAINS (1762-1767.)

En même temps qu'il expulsait les Jésuites de toutes les maisons et Collèges de son ressort, le Parlement de Bordeaux se préoccupait de leur remplacement [2]. Après de nombreux pourparlers avec les Consuls d'Agen, ces derniers finirent par s'entendre avec les Jacobins. Le Parlement rendit, le 6 août, une première ordonnance en vertu de laquelle il autorisait la ville d'Agen à passer un accord avec les religieux Dominicains ; puis, le 3 septembre 1762, un second arrêt « qui ordonnait une Assemblée générale des Trois-Ordres à Agen pour autoriser à passer avec les Dominicains tels accords, traités, concordances nécessaires pour l'instruction de la jeunesse et le remplacement des cy-devant Jésuites [3] ». Afin d'éviter tout retard pour la rentrée des classes, les Consuls prirent aussitôt l'affaire en mains, et, le 18 septembre de cette même année, ils passaient solennellement dans le palais épiscopal un contrat avec les Dominicains, qui se chargeaient de continuer l'œuvre des Jésuites.

Nous avons déjà donné au chapitre III de cet ouvrage, chapitre relatif aux Dominicains, l'analyse détaillée du contrat du 18 septembre. Nous prions nos lecteurs de vouloir bien s'y reporter. Rappelons seulement ici que le contrat fut passé entre Mgr Gaspard

[1] Archives de l'Évéché d'Agen. Série F. 69. (Archives de la Gironde. 3295).
[2] Voir in-extenso l'*Arrêt du Parlement de Bordeaux du 26 mai 1762*, soit aux Archives départementales de la Gironde, soit à la Bibliothèque nationale de Paris. Impr. Lg 39, n° 476.)
[3] Archives de l'Évéché. F. 69.

Gilbert de Chabannes, évêque et comte d'Agen. MM. Me Philippe Buard, Claude-Caprais Barbier, François Michel de Lamothe-Vedel, Alexis Rozier, chanoines et députés des chapitres de St-Etienne et de St-Caprais, et Messsieurs les Consuls : Sébastien de Redon des Fosses, écuyer, François Mazet, Jérome Malebaysse, Bernard Dayries, procureur, Raymond Lamothe, avocat, et Joseph Marcot, d'une part ; et Très Révérend Père Raymond Garralon, docteur en théologie, provincial de la province occitaine de l'Ordre des Frères-Prêcheurs, assisté des R. P. Alexis Fauché, docteur en théologie, et Jean Thomas Danglade, prieur du couvent des Dominicains d'Agen, et un nombre considérable de hauts ecclésiastiques. Les dispositions prises furent les mêmes que pour les Jésuites ; l'ordre et l'objet des classes ne furent pas changés, non plus que la méthode d'enseignement ni les multiples détails de l'ancienne organisation. L'instruction resta également gratuite. Si bien, qu'à part le changement de l'Ordre, le Collège d'Agen fonctionna avec les Dominicains de la même manière et aussi bien qu'avec les Jésuites [1].

Néanmoins, l'administration centrale sembla vouloir surveiller de plus près les nouveaux Collèges. Pour ceux qui ne dépendaient pas des Universités, un Edit du roi, de février 1763, les réglementa tout particulièrement [2]. De plus, des contestations ne tardèrent pas à s'élever au sujet du paiement des rentes qui étaient dues autrefois aux Jésuites et que réclamèrent les nouveaux professeurs. Une longue correspondance fut échangée à cet égard entre les différents administrateurs de la province, concernant notamment les 1,200 livres annuelles que de tout temps les Consuls avaient payées aux Pères Jésuites et que les Dominicains, qui leur furent en tous points subrogés, revendiquèrent énergiquement. Dans une longue lettre au président Dormessan, du 22 février 1763, M. de Boutin, intendant de Guienne, résume toute cette affaire ; il en fait

---

[1] Archives municipales GG, 214. Voir aussi Archives de l'Evêché, F. 69. — *Voir, en appendice, le texte entier de ce contrat.*

[2] Archives municipales, GG, 214.

l'historique, et, en terminant, il semble incliner en faveur des Jacobins [1]. M. de La Tour fut chargé d'envoyer d'Agen toutes les pièces à l'appui, parmi lesquelles un état complet des charges et revenus du Collège à cette époque.

Les charges avaient considérablement augmenté depuis 1713. Nous relevons comme revenus, 1° en biens fonds : la métairie de Darel, 1,500 livres; celle du Bedat, 650 ; celle de Bellevue, 200 ; plus le loyer de huit petites maisons en ville, pour la plupart attenantes au Collège, 354 ; 2° en bénéfices : le Prieuré de Marmande affermé, 2,380 livres ; celui de Puyguiraud, 620 ; Tombebœuf, 2,150; Praissas, 1,900; Lougratte, 800; Escandaillac, 70; 3° comme pensions : celle de la Ville, 1,200 livres; du Chapitre St-Etienne, 300 ; de St-Caprais, 290 ; plus une pension sur l'abbaye de St-Waast d'Arras, 3,000 livres ; enfin une rente sur l'Hôtel de Ville de Paris, de 20 livres ; total des revenus, 15,434 livres. Les charges sont plus considérables encore ; les dettes ont augmenté, si bien que le total se monte à la somme de 15,625 livres. Dans ces conditions, les Pères Dominicains ne peuvent y suffire ; le Collège ne peut continuer d'exister. Il faut y pourvoir au plus vite [2]. De leur côté, et afin d'avoir quelques revenus de plus, les Dominicains demandent à avoir des pensionnaires, ce qui n'a jamais existé du temps des Jésuites, faute de place : « Il en résulte que les Jacobins refusent un nombre considérable de pensionnaires qu'on leur a présentés; d'où un tort considérable. Ils n'ont pu en recevoir que sept, dont six sont dans le Collège, et le septième au Couvent pour n'avoir pu le loger avec les autres. » Suit enfin un plan fort détaillé du Collège d'Agen, que M. de La Tour envoie aux ministres dans son volumineux dossier. Il est en tous points semblable à celui que nous

---

[1] Il existe aux Archives de l'Evêché d'Agen, série F. 69, tout un volumineux cahier, copié in extenso dans le fonds des Archives départementales de la Gironde, n° 3295, que M. Roborel de Climens, archiviste-adjoint à Bordeaux, envoya, il y a quelques années, à Mgr Fonteneau, alors évêque d'Agen. C'est grâce à cet important dossier, largement mis à notre disposition par Mgr Gœuret, actuellement évêque d'Agen et son secrétaire général M. le chanoine Mouran, que nous pouvons résumer ici cette crise assez difficile que traversa le Collège d'Agen, lors du départ des Jésuites.

[2] Archives de l'Evêché. F. 69. (Arch. de la Gironde. 3295.)

avons trouvé aux Archives nationales, et qui fut dressé quelques années après par les soins des Oratoriens, lorsque ceux-ci, en 1781, prirent la direction du Collège. Sans attendre jusqu'à cette époque, nous croyons qu'il est bon de le donner ici, et, nous arrêtant un instant au milieu des difficultés que rencontrèrent dès leurs débuts les Dominicains, de faire enfin connaître à nos lecteurs quelles étaient les dispositions extérieures et intérieures, aussi bien au rez-de-chaussée qu'au premier étage, de l'ancien Collège d'Agen.

—Nous avons déjà dit au cours de ce récit que les Consuls, en faisant de la maison La Cassagne le bâtiment principal du Collège, avaient par conséquent élevé cet établissement dans le quartier Saint-Hilaire, derrière la Tour de la Grande-Horloge. Limité au Nord par la rue de ce nom, à l'Est par la rue des Jésuites, plus tard rue Maillé, au Sud par les jardins de M. de Rangouze, de Mme de la Prade et la rue Caillou, à l'Ouest par la maison et le jardin de la famille de Savin, il occupait tout l'emplacement de la place de la Volaille (actuellement place de la République [1]) ainsi que des nombreuses maisons qui l'entourent de tous côtés.

L'entrée principale, n° 1 sur notre plan, donnait sur la rue Grande-Horloge. C'était un couloir servant de vestibule que surmontait le clocher de l'église, située à gauche sur tout le prolongement de la rue, jusqu'à la rue Maillé. L'église des Jésuites, n° 18, bâtie en pierres et moellons était assez vaste. Elle ne formait qu'une nef, partagée en trois travées inégales. Son entrée principale, n° 19, se trouvait, nous dit Proché [2], « au coin des deux rues Maillé et Grande-Horloge.» Elle fut détruite seulement au mois de juillet 1815 [3].

---

[1] Cette place a pris successivement les noms de : place du *Roi de Rome*, sous le premier Empire ; *Place Bourbon* à la Restauration ; place *d'Orléans* en 1830 ; *Place de la République*, en 1848, et *Place Louis Napoléon* en 1852.

[2] *Annales de la ville d'Agen.* page 215.

[3] Disons à ce sujet que c'est dans l'Église des Jésuites que les condamnés à mort, avant d'être livrés au bourreau, étaient conduits pour faire amende honorable, et que, escortés par tous les Pénitents qui portaient des torches, ils passaient de là sous la voûte de la Grande Horloge, tandis que toutes les cloches de la ville sonnaient le glas funèbre, pour être exécutés sur la place du Marché.

Derrière et le long du couloir d'entrée était, au n° 20, la sacristie,
terminée au n° 21 par un escalier tournant qui conduisait au deuxième étage. Enfin, à droite du couloir, au 22, les Pères Jésuites avaient

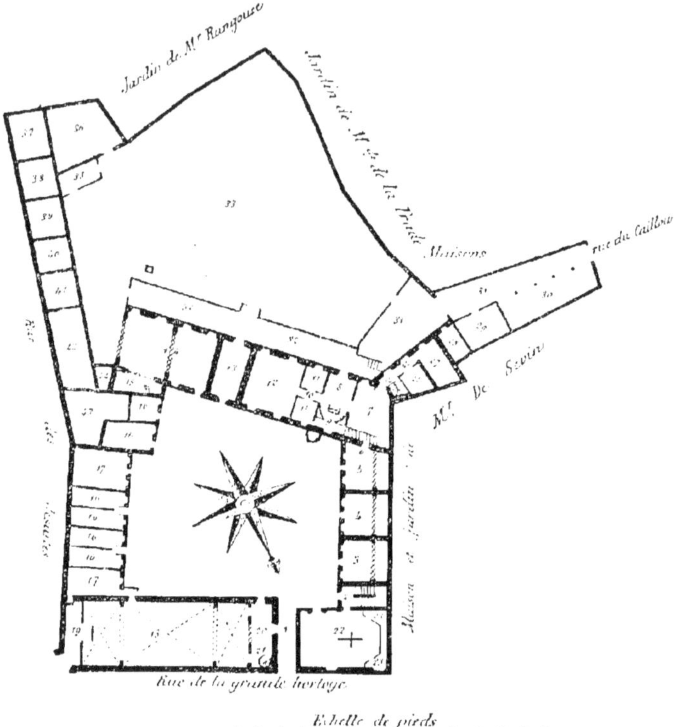

aménagé, pour eux seuls, une chapelle particulière ¹, terminée
par deux petites sacristies, 23 ; de telle façon que l'église, le cou-

---

¹ C'est actuellement la maison qu'occupe M. Vincent Gendre, sur la
façade de laquelle on a retrouvé récemment ces jolies fenêtres ogivales tri-
lobées que l'on voit de la rue Grande-Horloge.

loir d'entrée et la chapelle occupaient à eux seuls toute l'aile septentrionale donnant sur la rue Grande-Horloge.

Si nous pénétrons maintenant par le couloir 1 dans la grande cour du Collège, nous trouvons successivement au rez-de-chaussée, à droite, au n° 2, la cage du grand escalier de pierre qui conduisait au premier et au deuxième étage ; 3, la porterie ; 4, la classe de théologie ; 5, celle de philosophie ; 6, une porte toujours murée communiquant avec la cuisine ; 7, la cuisine ; en face, au numéro 8, un vestibule ; 9, un perron et la cage d'un escalier qui n'aboutissait qu'au premier étage[1] ; 10, un passage menant au réfectoire ; à droite et à gauche de ce passage, aux numéros 11, les dépenses ; 12, le réfectoire ; 13, un passage ; 14, deux grandes « salles d'actes ; » enfin à gauche, au n° 15, une lanterne et un petit escalier menant jusqu'au premier étage seulement ; puis aux différents numéros 16, six classes commençant par la rhétorique et occupant, avec les deux numéros 17, qui étaient les classes personnelles des Jésuites, tout le côté Est de la cour.

De nombreux logements s'étendaient au Midi derrière les pièces que nous venons d'énumérer. Ainsi, après la cuisine et longeant le jardin de M. de Sevin, se trouvaient, aux numéros 24, un grand escalier montant jusqu'au deuxième étage ; 25, chambre de domestiques ; 26, passage pour le chauffoir ; 27, chauffoir ; 28, chambre qui sert de caveau aux commodités qui étaient au-dessus ; 29, décharge ; et 30, bucher. Puis venaient, aux 31, la basse cour ; 32, une longue et jolie terrasse « où étaient, dit la légende du plan, les cyprès ; » 33, un très beau jardin potager ; 34, le puits ; 35, les cabinets ; enfin, depuis le numéro 36 jusqu'au numéro 43 inclusivement, de petites maisons qui étaient louées et dont les entrées donnaient toutes sur la rue Maillé.

A côté du plan principal du rez-de-chaussée que nous venons de décrire et de reproduire ici, se trouve, sur l'original qui est déposé aux Archives nationales, le plan du premier étage. Bien que moins important, nous croyons devoir y relever les pièces sui-

---

[1] Ce perron existe encore, il appartient à la maison qu'occupe actuellement M⁰ Benquet, notaire.

vantes : au dessus du nᵒ 20, qui est la sacristie, une chambre occupée par le Chapitre ; au-dessus de la chapelle 22, la bibliothèque qui était fort riche et fort considérable ; puis des chambres diverses sur tout le prolongement de l'aile droite ; au premier étage du bâtiment méridional , un vaste corridor donnant sur différentes salles « qui contenaient deux étages d'alcoves adossées à la cloison ; » enfin d'autres chambres attribuées à divers, au-dessus des classes nᵒ 16, c'est-à-dire sur tout le parcours du bâtiment de gauche.

Le second étage présentait à peu de choses près les mêmes dispositions que le premier.

— Bien qu'ils fussent soutenus énergiquement par l'évêque et les autorités municipales de la ville, les Dominicains éprouvaient néanmoins, tant comme ressources pécuniaires que comme obstacles apportés par le gouvernement central, de sérieuses difficultés dans la direction du collège. L'Edit de février 1763, que nous avons déjà indiqué, ordonnait « que tous les biens et revenus appartenant aux collèges précédemment tenus par les Jésuites, seraient administrés par un bureau composé de personnes choisies dans le clergé, dans le corps municipal et parmi les autres notables de la ville. » Ce bureau avait un pouvoir presque absolu. Le principal et les professeurs étaient nommés et révoqués par lui. Il régissait les biens et les revenus de la maison; il arrêtait en outre les règlements généraux d'études et de discipline, mais sous condition d'homologation du Parlement du ressort. C'était substituer à l'élément religieux l'élément civil. C'était donner pleine satisfaction aux bruyantes réclamations des encyclopédistes et des philosophes. Il fut même question au sein de ce gouvernement pusillanime d'interdire à tout Ordre religieux d'ériger des maisons d'éducation. Mgr de Chabannes, alors évêque d'Agen, s'émut de cet état de choses, et, dans trois lettres remarquables que les Archives de l'Evêché nous ont conservées [1], il proteste éloquemment contre les mesures prises:

----

[1] Archives de l'Evêché d'Agen, F, 69. (Archives de la Gironde, 3295). (*Voir, dans notre appendice, le texte intégral des deux premières.*)

« Je ne vous cacherai point, Monseigneur, écrit-il dans une première lettre du 17 février 1765 à l'archevêque de Reims, Charles-Antoine de La Roche-Aimon, que vous m'avez causé une grande inquiétude par la lettre que vous m'avez fait l'honneur de m'écrire, où vous m'apprenés le système de la commission pour le remplacement des collèges, lequel est opposé à l'introduction des réguliers dans ces maisons. Je crois y voir évidemment la ruine de toutes les écoles et les suites affreuses de l'ignorance qui s'emparera de la nation[1]. Si l'autorité de tous les siècles, si l'usage de toutes les nations doit être compté pour quelque chose, s'il faut s'en tenir à tout ce qui a été fait de tous temps, à ce qui se fait aujourd'huy partout, le parti que l'on prend à cet égard ne peut être que pernicieux à l'éducation. » Suit un magnifique exposé du rôle joué en Europe par les Ordres religieux dans l'éducation de la jeunesse. Depuis la suppression des Jésuites et leur remplacement soit par des laïques, soit par des séculiers, pas un collège n'a pu réussir. A Bordeaux, à Toulouse, ils ont tous échoué, après des scènes graves de désordre et de rebellion. « Le mien à Agen, ajoute le vénérable prélat, est, grâce aux Dominicains, en plein exercice et n'a fait que se perfectionner depuis qu'il existe. On y a fait l'augmentation d'un pensionnat. Tout s'y fait comme il s'y faisait du temps des Jésuites. »

Et dans sa seconde lettre du 21 février, écrite au même archevêque de Reims, il rappelle comment il jeta le premier les yeux sur les

---

[1] Mgr de Chabannes ne croyait pas être si bon prophète ! C'est en effet de 1765 à 1775 environ, c'est-à-dire après le départ des Jésuites, et alors que les Collèges de France étaient dirigés par des prêtres séculiers ou par les Oratoriens, que fut élevée en très grande partie cette génération qui devait, en 1793, usurper le pouvoir, et, par ses utopies insensées, faire couler tant de sang. Camille Desmoulins, Hébert, Danton, Robespierre, sans nommer Tallien et Saint-Just plus jeunes, et avec eux les plus hideux personnages de la Terreur, entraient alors, vers 1770, dans les divers Collèges. Il ne faut donc plus dire, comme on a essayé de le faire, que ce sont les Jésuites qui ont été leurs premiers maîtres et que c'est dans leurs maisons qu'ils puisèrent leurs fameux principes et leur remarquable éducation !

Dominicains : « Ils étaient connus, aimés et estimés dans la ville, au fait de nos mœurs et de nos usages, du caractère des esprits : toutes raisons qui me parurent très importantes dans cette conjoncture. » Malgré tout, le Parlement manifesta un vif mécontentement; ce ne fut que sur ses instances réitérées qu'il se décida à les accepter. Mais depuis on leur cherche chicane, et c'est par force qu'on les tolère. « Et cependant, en dehors des religieux, où chercher des professeurs dignes de former la jeunesse : point de sujets, point de revenus, par conséquent point de collège. Les sujets, où les prendre? Le clergé séculier n'est point tourné aux belles-lettres ; il ne s'y exerce point ; il ne les a jamais apprises. Et ce n'est point en faisant le catéchisme à des paysans, à des artisans et même à des bourgeois, que l'on apprend Cicéron et Quintilien ! » En outre les revenus manquent de plus en plus. Il faut au moins 1,200 livres par an à un séculier et encore ne peut-il y suffire ; tandis que, avec des religieux, cette somme est plus que suffisante : « Or, j'ai douze prêtres dans mon collège, lesquels à 1,200 livres font près de 15,000 livres. Je feray mon collège à moitié moins si j'ay des religieux. » D'ailleurs la population agenaise accepte les Dominicains. « Alors, pourquoy nous troubler à Agen, dans l'état tranquille où nous sommes ? Pourquoy vouloir renverser un établissement formé par le concours des deux autorités ; chose malheureusement si rare dans le siècle présent. » Qu'on maintienne donc l'ordre de choses établi.

Enfin, le 24 février 1765, l'évêque d'Agen écrit cette troisième lettre sur le même sujet à M. Boutin, intendant de Guienne de 1760 à 1766, alors à Paris. « J'ai appris, Monsieur, par l'Archevêque de Rheims que la commission établie pour le remplacement des collèges n'était point d'avis d'y mettre des religieux, ce qui m'a paru de la dernière importance pour les collèges et en particulier pour le nôtre. J'ai écrit deux lettres à ce prélat dont j'ai l'honneur de vous envoyer copie vous priant de faire valoir nos raisons. J'ay aussi instruit M. le duc de Choiseul de tout ce qui regarde cette affaire dont je vous serai très obligé de luy parler ainsi qu'à Mgr l'Archevêque. Je ne vous cache point que je suis dans la plus grande inquiétude à cette occasion, parce que je ne conçois point qu'il soit possible de fournir par d'autres moyens à l'éducation de la jeunesse. Vous connaissez depuis longtemps les sentiments d'attachement et de respect avec lesquels je suis, Monsieur, votre très humble et très obéissant serviteur. J. Evêque d'Agen [1]. »

IV. — LES PRÊTRES SÉCULIERS (1767-1781).

Les suppliques de Mgr de Chabannes ne furent pas écoutées [2]. Après cinq années de luttes incessantes, d'abnégation et de dévouement de la part des Dominicains, de mauvais vouloir de la part de l'administration centrale, celle-ci leur créa tant d'entraves, leur suscita tant de difficultés, que les Pères durent une seconde fois, faute de ressources, abandonner la direction du Collège. Ils se retirèrent dans le premier semestre de 1767, laissant l'administration du collège entre les mains du fameux bureau, créé par l'édit de 1763 et dont les pouvoirs, on le sait, étaient souverains. Ses membres [3] appelèrent alors des prêtres séculiers ; et, dès le 2 mai 1767, le Collège fonctionnait avec ses nouveaux maîtres. Les lettres-patentes du Roi, qui furent rendues ce jour-là à Versailles, « portent confirmation de l'établissement ancien du Collège d'Agen, la forme et la manière de son administration [4]. » En voici le ré-

----

[1] Archives de l'Evêché d'Agen, F. 69.

[2] Non seulement ses requêtes n'aboutirent pas, mais il ne put même obtenir du Roi des lettres patentes portant confirmation de la direction du Collège d'Agen par les Dominicains. (Manuscrit Malebaysse.)

[3] Le bureau d'administration du Collège était ainsi composé : M. de Laville, lieutenant général, président ; M. l'abbé Couzin, chanoine de la Cathédrale choisi et commis à cet effet par Mgr l'Evêque qui n'était pas bien remis de la première attaque d'apoplexie qui l'enleva quelques jours après ; M. Boudon, procureur du Roi ; MM. Uchard et Darribeau, jurats, députés du corps de ville ; M. de Ganel, écuyer, seigneur de Fontirou et M. de Labolbène, chevalier de l'ordre du Roi et de Saint Louis. (Manuscrit de Malebaysse.)

[4] Archives municipales, GG. 214 et 216, et B, 137. (Lettres patentes imprimées à Agen chez Jean Noubel, 8 pages. (*Voir in-extenso en appendice*).

sumé : le Collège d'Agen sera conservé. Il sera composé d'un principal, un sous-principal, deux professeurs de philosophie, deux professeurs de théologie, un professeur de rhétorique et un régent pour chacune des classes de deuxième, troisième, quatrième, cinquième et sixième. Le principal recevra, comme honoraires, douze cents livres ; le sous-principal, les deux professeurs de théologie et de philosophie et celui de rhétorique, chacun, mille livres ; le régent de seconde, huit cents livres ; celui de troisième, sept cents, de quatrième six cents, de cinquième cinq cents et de sixième quatre cents. Ces places seront remplies par des personnes ecclésiastiques ou séculières, et l'enseignement, qui sera gratuit, conforme aux usages et méthodes de l'Université de Bordeaux. En ce qui concerne les revenus, les cures de Lougratte et de Sainte-Eutrope, ainsi que les prieurés de Marmande, Puiguiraud, Clermont, Tombebœuf et Marsac resteront unis audit collège.

Une note de la main de Labrunie, insérée dans le manuscrit original de Malebaysse, page 493, nous donne la liste des premiers prêtres séculiers qui, en 1767, remplacèrent les Dominicains. Ce furent : MM. Babie principal, Labrunie professeur de rhétorique[1], Carrière de seconde, Gardelle de troisième, Vidouze de quatrième, Sicard de cinquième et Désalons de sixième. Faute de ressources, on ne nomma la première année ni professeur de théologie, ni professeur de philosophie. M. Cazade fut cependant désigné peu après pour occuper la chaire de philosophie et M. Nauton, docteur, pour celle de théologie.

Il nous est resté assez peu de documents sur l'histoire du Collège pendant la direction des prêtres séculiers, c'est-à-dire de 1767 à 1781 ; seulement quelques pièces concernant des intérêts d'ordre purement intérieur, des détails d'administration, des devis de réparations, des comptes, des états des revenus, tout un dossier relatif à un procès avec le curé de Tombebœuf, etc. etc[2]. Nous ne nous

---

[1] Dans son *Abrégé Chronologique*, Labrunie rappelle également ce fait : « J'eus l'honneur, dit-il, de faire l'ouverture du Collège des Prêtres séculiers en ma qualité de professeur de rhétorique, le 3 novembre 1767. »

[2] Archives Nationales ; G8, no 2454, p. 386.

y arrêterons pas. Relevons uniquement une lettre que M. le chancelier de Maupeou écrivit, le 22 mars 1771, au procureur général du Parlement de Bordeaux, concernant sa décision sur les dissensions fort vives qui s'étaient élevées entre l'avocat du Roi, les officiers municipaux et le représentant de Monseigneur, au sein du bureau d'administration du Collège et relatives à la présidence de ce bureau. Il le charge de faire savoir au procureur du Roi du sénéchalat d'Agen : 1° que le représentant de l'Évêque ne peut dans aucun cas avoir la présidence ; 2° que le lieutenant général et le procureur du Roi n'ont pas le droit de se faire représenter au bureau, la présidence dans l'espèce appartenant à l'avocat du Roi [1].

Notons également le compte-rendu des recettes et des dépenses du 15 octobre 1780 au 31 août 1781, rendu par Charles Fontanié, notaire et régisseur des biens du collège et qui se monte, pour les dépenses effectives à la somme de 18,611 livres, 13 sols, 6 deniers, et pour les recettes effectives, distraction faite au profit du trésorier de la somme de cinquante livres portée en trop, à celle de 22,434 livres, 9 sols, 8 deniers. Les principaux revenus se décomposent ainsi : location des huit petites maisons, 500 livres ; ferme de la cure de Prayssas, 3,481 livres ; pensions du chapitre cathédral, 300 livres ; du chapitre de Saint-Caprais, 290 livres ; fermes de Marmande et de Puyguiraud, 6,656 livres ; de Darel, 1774 livres ; du prieuré de Tombebœuf, 3,942 livres ; de la cure de Lougrate, 2,099 livres ; rente des Consuls, 1,200 livres ; coupes des bois du Bedat, 1,065 livres ; cure de Saint-Eutrope d'Escandaillac, 70 livres ; revenus de Bellevue et rentes diverses, 250 livres, etc.

Enfin indiquons les noms des professeurs du collège, en cette année scolaire 1780-81, qui fut la dernière pour les prêtres séculiers. Nous les trouvons énumérés dans un « état des pensions que Sa Magesté à jugé à propos de leur accorder par forme de récompense à compter du 1er septembre 1781, » c'est-à-dire du jour

---

[1] Archives municipales, BB. 83.

où ils furent remplacés par les Pères de l'Oratoire : MM. Bourdelle, principal, entré le 26 juillet 1770 ; pension 500 livres ; — Coras, sous-principal, entré le 16 août 1773 ; pension 200 livres[1] ; — Naulon, professeur de théologie, en cas de retraite ; pension 400 livres[2] ; — Dordé de Millac, professeur de philosophie, entré le 14 août 1777 ; pension 200 livres ; — Paganel, professeur de rhétorique, entré professeur de cinquième le 27 octobre 1772, passé professeur de rhétorique, le 31 août 1778 ; pension, 400 livres[3] ; — Désalons,

---

[1] Ce Coras était-il un descendant de Jacques de Coras (1630-1677), le pasteur protestant de Tonneins à qui M. Ph. Tamizey de Larroque a consacré un article biographique dans la *Revue de Gascogne* (Tome XV, 1874, p. 459 et suiv.) ?

[2] Naulon Joseph était originaire de Mézin. Quand il eut quitté le Collège d'Agen, il se retira à Condom, où il est qualifié d'instituteur secondaire de cette ville dans la liste des Associés non résidens, membres, avant 1791, de la Société d'Agriculture, Sciences et Arts d'Agen, tome 1er, p. 33. Quoique n'habitant pas Agen, l'abbé Naulon prit une vive part aux travaux de cette Société, dont il devint membre quelque temps après sa fondation (1776) et aux séances de laquelle il lut de nombreux mémoires de cosmographie et de géographie physique, notamment : (1776) Un *Nouveau système physique de l'Univers* et un *Mémoire sur l'attraction* ; - (1784). *Mémoire sur la théorie du mouvement de la Lune pour servir de supplément aux principes mathématiques de la philosophie naturelle de Newton :* —(1785) *Nouvelle théorie des éléments primitifs, secondaires etc. et des différentes affinités chimiques et physiques* — *Nouvelles vues sur la théorie des Comètes*, etc. D'après Samazeuilh (Biographie de l'arrondissement de Nérac, p. 665). l'abbé Naulon quitta la prêtrise à la Révolution, se maria et fut président en 1793 de l'administration du district de Nérac. Il mourut à Paris, où il s'était retiré.

[3] Paganel est célèbre dans l'histoire du département de Lot-et-Garonne. Pierre Paganel naquit à Villeneuve d'Agen en 1745. D'abord professeur de rhétorique au Collège des prêtres séculiers d'Agen, puis procureur syndic à Villeneuve, il embrassa très chaudement la cause de la Révolution. Il fut nommé député du département de Lot-et-Garonne à la Législative, puis à la Convention, où il joua un rôle des plus militants. Membre du Comité Central, membre du Comité des secours publics, il fut souvent envoyé en mission soit dans les départements, soit auprès des armées, et il y montra toujours autant de zèle et de courage que de désintéressement. Il fut secrétaire général aux relations extérieures, et plus tard, sous l'Empire, chef de division à la Légion d'honneur. Exilé en 1815, il mourut à Bruxelles, laissant un fils Camille Paganel, plus tard maître des requêtes au Conseil d'Etat sous la

régent de seconde, entré régent de sixième en 1767, passé régent
de troisième en 1769, puis de seconde en 1773 ; pension, 400 livres ; — Treignac, régent de troisième, entré le 31 octobre 1771 ;
pension, 200 livres ;—enfin Fourestié, Peyret et Pinson, régents de
quatrième, de cinquième et de sixième [1].

Que se passa-t-il donc, en cette année 1781, entre les prêtres
séculiers chargés du Collège et le bureau d'administration qui le
régissait ? Saint-Amans, qui copie ici encore textuellement Labrunie,
nous dit dans son Histoire du Calvinisme : « Quelques sujets de
mécontentement, qu'il est inutile de rapporter ici, engagèrent le
bureau d'administration, de concert avec Mgr de Bonnac, à appeler, en 1781, les Pères de l'Oratoire. » Un mémoire fort long, rédigé par l'ordre et en faveur des consuls, contre les prétentions du
Sénéchalat et du Présidial, touchant la présidence et la surveillance
du Collège, est plus explicite sur cette question. « Enfin Mgr d'Usson de Bonnac, dit-il dans un rapide exposé de l'historique du
Collège d'Agen, Evêque d'Agen, toujours zélé à procurer à ses dio-
césains tout ce qui peut tendre à leur plus grand avantage, s'aper-
cevant des *inconvénients qui résultent de l'instabilité des professeurs,
régents et préposés à l'enseignement et de la difficulté de les remplacer
au besoin,* proposa que le moyen de les éviter serait, sous le bon

monarchie de Juillet, député du Lot-et-Garonne pour l'arrondissement
de Villeneuve du 15 mai 1834 au 6 juillet 1846, conseiller d'Etat, secrétaire
général au Ministère de l'agriculture et du commerce, officier de la Légion
d'honneur etc., et une fille, Sophie Paganel, mariée à Jules Lamouroux,
docteur en médecine à Paris. Un des fondateurs de la Société académique
d'Agen, et nommé secrétaire dès la première séance, on a de Pierre Paganel: (1776) *Réflexions sur l'art dramatique* ; — *Discours sur l'histoire de France* ; — *Une héroïde* ; (1785) *Discours sur l'harmonie comme faisant une partie
essentielle du style* ; — (1789) *Des changements arrivés dans la monarchie française depuis Clovis jusqu'à Charlemagne, etc. etc.* Plus tard il publia, en 1810,
un essai historique sur la Révolution Française, qui fut mis au pilori ; *une histoire de Napoléon Bonaparte* (1815), *une traduction des animaux parlants
de Casti,* très fidèle et fort estimée etc., etc.

[1] Archives municipales, GG, 216.

plaisir de Sa Majesté, de mettre le Collège sur la tête de la Congrégation de l'Oratoire ou de quelque autre également propre à élever la jeunesse à la religion et à l'instruire dans les sciences et belles-lettres [1]. » A cet effet il convoqua une Assemblée des trois ordres et leur fit part de son projet, « les priant de délibérer chacun séparément sur cet objet et sur le choix du corps auquel ils trouvaient à propos de donner la préférence.» Après une courte délibération, les chapitres, le clergé, les trois ordres, les Consuls et les officiers du Présidial acceptèrent à l'unanimité la proposition de l'Evêque et décidèrent qu'on entrerait immédiatement en pourparlers avec les Pères de l'Oratoire, pour leur confier la direction du Collège. Mgr de Bonnac se rendit à cet effet à Paris, et il engagea lui-même avec le nouvel Ordre les premières négociations.

V. — LES ORATORIENS (1781-1793)

L'Ordre des Oratoriens fut fondé, on le sait, en France, en 1611, par le cardinal Pierre de Bérulle, sur le modèle de la *Confrérie de la Trinité*, établie déjà à Rome par Saint Philippe de Neri, dès l'an 1550. Son but était d'instruire la jeunesse, d'élever des clercs en vue des séminaires, de prêcher et d'organiser des missions. Semblable en cela à l'Ordre des Jésuites, ces derniers ne virent pas d'un bon œil la nouvelle institution, et ils lui suscitèrent, dès ses débuts, de nombreux embarras. Ils furent cependant levés, grâce à l'appui que son fondateur trouva auprès de Louis XIII et qui lui permit de mener son œuvre à bonne fin [2]. Mais une sourde rivalité exista toujours entre les deux Ordres religieux. Les Pères de l'Oratoire déclaraient hautement que leur Ordre n'était pas régulier et qu'ils

---

[1] Archives municipales, GG, 216.

[2] Voir : La *Vie du Cardinal de Bérulle*, par M. Nourrisson, Paris, 1856. — Voir aussi l'abbé Migne, Tome III, et l'*Histoire des Ordres religieux* du Père Helyot, T. VIII, Chap. X.

étaient de simples ecclésiastiques, associés entre eux, et ne pro-
nonçant aucun des vœux habituels, spéciaux aux autres Ordres.
Ils partagèrent la plupart des opinions des Jansénistes, et quand les
Jésuites furent expulsés de France, ils héritèrent soit immédiatement, soit au bout d'un court laps de temps, de la plupart des
Collèges qui étaient confiés à leur garde. Ce sont eux qui véritablement ont formé la plupart des hommes de la Révolution, et c'est
en grande partie à leurs idées libérales et souvent même révolu-
tionnaires qu'il faut attribuer la chute de l'ancien régime. C'est du
reste dans la maison même de l'Oratoire à Paris qu'eut lieu le sacre
des premiers évêques constitutionnels. Enfin, quand la Convention
eut décrété la fermeture des églises et l'abolition de tous les Ordres
religieux, il est à noter que la majeure partie des prêtres de cette
Congrégation contracta mariage et embrassa même avec ardeur les idées du moment.

Dans de semblables dispositions, l'Ordre de l'Oratoire ne pouvait
être que bien accueilli par la population Agenaise, déjà imbue des
nouveaux principes, et tout heureuse de lui confier l'éducation de
ses enfants. Les démarches de Mgr de Bonnac eurent un plein succès. Déjà, le 18 novembre 1780, le Supérieur général de l'Oratoire à Paris, le R. Père Moisset, pressenti par l'évêque d'Agen, sur
ses intentions de venir dans cette ville, lui avait répondu une lettre
des plus reconnaissantes : « Nous ne pouvons qu'être infiniment
flattés des sentiments dont vous honorez notre Congrégation, de la
confiance que vous nous témoignez, et du désir que vous nous avez
inspiré de voir bientôt le collège de votre ville gouverné par nos
confrères... Nous nous en rendrons aussi dignes que possible. »
Les revenus qu'on leur propose paraissent suffisants : « Nous ne
demandons pas l'opulence ; elle nous serait nuisible ; mais il faut à
des gens d'étude une certaine aisance qui suffise à tous leurs vrais
besoins. » Du reste ces revenus semblent susceptibles d'augmentation. Aussi le nombre des professeurs pourra-t-il s'accroître.
« Nous espérons même pouvoir, dans la suite y entretenir quelques
anciens professeurs... Car, nous désirons qu'il y ait en chaque collège deux ou trois professeurs émérites qui servent de modèle et de
conseil aux jeunes régens, qui leur forment le goût et les dirigent

dans leurs études : outre qu'il est de la justice que des sujets, qui ont employé les plus belles années de leur vie et souvent épuisé leurs forces dans les travaux de l'enseignement, trouvent dans ces mêmes Collèges le repos qu'ils ont mérité, repos d'ailleurs aussi utile aux autres que nécessaire à eux-mêmes. » Il prie en terminant Monseigneur d'être l'interprète de sa reconnaissance auprès des corps respectables auxquels ce prélat a inspiré une si bonne opinion de l'Ordre des Oratoriens [1].

Deux mois après, le 30 janvier 1781, le Conseil général de l'Ordre à Paris donne procuration aux deux Pères François Dye de Gaudry, assistant du Père général, et Louis Marcou Lety, supérieur de la maison de Toulouse, de s'entendre avec les Consuls d'Agen. Ceux-ci réunirent aussitôt les trois ordres et adressèrent même au sujet de la présidence de cette assemblée, et en l'absence de l'Evêque, une requête au Parlement de Bordeaux ; ce qui fit naître un long conflit avec le Présidial, qui, au lieu et place des Consuls, réclamait cette présidence [2]. Mais on passa outre, malgré l'avis défavorable de quatre de ses membres, et, après un projet de contrat dont nous retrouvons la minute annotée diversement par les consuls, les membres du Présidial, les bureaux de l'Intendance, et les Pères de l'Oratoire, on tomba d'accord sur tous les points. Le roi accorda en conséquence, le 20 juillet 1781, des lettres patentes, « portant établissement des prêtres de l'Oratoire pour instruire et enseigner gratuitement la jeunesse au Collège d'Agen, en faveur de Jean-Louis d'Usson de Bonnac, évêque dudit Agen, et les officiers municipaux ». Ces lettres furent enregistrées le 17 août de la même année au Parlement de Bordeaux [3] ; et deux mois après, le contrat fut définitivement passé entre les Consuls d'Agen [4] et les Oratoriens,

---

[1] Lettre du Père Moisset, supérieur général de l'Oratoire, à Mgr l'évêque d'Agen. (Archives municipales, BB. 83, p. 160.)

[2] Archives municipales, GG. 216.

[3] Idem.

[4] Le corps municipal d'Agen se composait, en 1781, de MM. Gilbert de Raymond, maire, Raignac de Varennes, lieutenant de maire, et de MM. Florimond de S. Amans, Paquin, Tarry, Lafont du Cujula, Cambes et Roux-Lassalle.

pour l'établissement de ces derniers à la tête du Collège. Voici quelles en furent les principales clauses :

L'enseignement sera gratuit comme par le passé.—La Congrégation de l'Oratoire sera tenue d'établir un pensionnat durant le cours de la seconde année classique, avec maîtres et sous-maîtres suffisants. — Le Collège sera composé d'un supérieur, d'un préfet des classes, d'un professeur de théologie, de deux professeurs de philosophie, d'un professeur de rhétorique, et de quatre régents pour les autres classes. — Il sera établi spécialement un professeur de mathématiques[1]. — Le bureau d'administration, qui jusqu'ici avait régi le Collège, cessera d'exister à partir du 1er octobre 1781 ; et les Pères de l'Oratoire auront, à ce moment, la libre et entière administration et jouissance de tous les biens, fruits et revenus du Collège, tels que ceux provenant des cures de Prayssas, Longratte, Sainte-Eutrope, des prieurés de Marmande, Puyguiraud, Clermont, Tombebœuf et Marsac, des domaines de Darel, du Bedat, Bellevue, etc., ainsi que des diverses rentes à lui dues. — L'ancien bureau d'administration remettra également aux nouveaux Pères les vases sacrés, ornements d'église, archives, titres et contrats qu'il détenait. — D'un autre côté, la nouvelle Congrégation sera tenue de payer annuellement 1.800 livres de pensions aux différents professeurs qui ont régi jusqu'à ce jour le Collège, et cela à titre de récompense. — Elle sera tenue de se pourvoir de tous les meubles et ustensiles qui lui seront nécessaires, et il lui sera permis même d'emprunter, s'il le faut, la somme de 50.000 livres à cet effet. — Elle sera maîtresse de la police et discipline intérieure du Collège ; mais elle sera soumise à la juridiction des juges ordinaires pour les affaires contentieuses et à celle des officiers municipaux pour la police générale. — La méthode suivie sera celle de l'Université de Paris. — L'ouverture des classes se fera le 3 novembre. Elle sera précédée d'une messe du Saint-Esprit, à laquelle les Consuls seront invités. Les classes seront fermées la veille de Notre-Dame de septembre. Il n'y aura de vacances, pendant la tenue des classes, que

---

[1] Les Dominicains, et après eux les prêtres séculiers, n'avaient pas établi dans leur Collège de chaire de mathématiques, que réclamait avec instance le bureau d'administration. Ce fut une des causes qui contribuèrent à leur renvoi.

le jeudi après midi depuis la Toussaint jusqu'à Pâques, et le jeudi
en entier, depuis Pâques jusqu'aux vacances. — Lorsque les officiers
municipaux iront en corps au Collège, ils seront reçus à la porte
par le supérieur, qui les conduira dans les classes et les réaccompa-
gnera. — Selon le legs du Théologal Sauveur, la somme de 90 livres,
à laquelle on ajoutera celle de 110 livres aux frais du Collège, sera
consacrée annuellement à l'achat de volumes pour la distribution
des prix. On invitera toujours les consuls à cette solennité. — Enfin
il ne sera fait aucune aliénation des biens du Collège, sans l'autorisation expresse du corps municipal[1].

Les Pères de l'Oratoire prirent solennellement possession du
Collège d'Agen, le 30 septembre 1781, en la personne du Père
Claude de Parades[2], leur supérieur, et en présence de Messieurs
de Raymond, maire, de Varennes, de Saint-Amans, Lafon de Cujula,
Paquin, Cambes, Tarry, Roux-Lassalle, consuls, et des principaux
notables de la ville. Ce jour-là fut rédigé un procès-verbal fort

---

[1] Archives municipales, GG. 216. — (*Voir in-extenso, en appendice*).

[2] Claude de Parades, qui fonda à Agen la maison de l'Oratoire, naquit à
Riom (Puy-de-Dôme), le 22 mai 1741. Il était fils de Jean de Parades, avocat
au Parlement et de Gilberte Lucquet. Après de brillantes études au collège
des Oratoriens de sa ville natale, ses maîtres, reconnaissant en lui un sujet
des plus distingués, l'engagèrent à entrer dans leur Ordre; ce qu'il fit en
1762, au collège de Montmorency. Reçu confrère, il fut nommé presque aussitôt après régent, et fut chargé d'une classe, d'abord au collège de Porigny,
puis, en 1763, à celui de Lyon, où son Ordre remplaça les Jésuites.

La correspondance du Père Claude de Parades, conservée avec un soin
jaloux par les membres actuels de sa famille, et entièrement inédite, nous
fournit d'intéressants détails sur les phases diverses de sa destinée. « Le
peuple de Lyon, dit-il dans une lettre du 10 octobre 1763, ne nous donnera
peut-être pas d'abord sa confiance ; mais pour cela il suffit de savoir combien il avait de préjugés ». Et plus tard, en juin 1764 : « Nous sommes
toujours haïs ou méprisés dans cette ville. Peut-être, quand nous serons
mieux connus, nous rendra-t-on justice ». Poussé irrésistiblement par la
vocation religieuse, Claude de Parades ne se contenta pas du titre de confrère ; il se fit ordonner prêtre, le 12 novembre 1764.

En 1770, le Père de Parades fut nommé supérieur du collège de Beaune
en Bourgogne. Il y resta jusqu'en 1781, époque à laquelle il dut, sur l'ordre
de ses supérieurs, se rendre à Agen. Quatre jours après son arrivée dans
notre ville, le 4 octobre 1781, il écrit à sa famille une lettre où il se montre

détaillé, contenant : un état estimatif de tout le mobilier, s'élevant à la somme de 6,472 livres, 16 sols; plus « *Un Inventaire des titres et papiers utiles du Collège d'Agen* » parmi lesquels tous les anciens contrats de fondation, de ventes et d'achats, les diverses lettres pa-

---

effrayé de la tâche qui lui incombe : « Je suis dans l'embarras par-dessus les oreilles. Cette régie qui consiste en trois gros domaines et quatre prieurés, en dîmes et maisons, sera bien plus difficile que celle de Beaune où il n'y avait que des pensions à toucher.... Je presse le Conseil pour avoir un économe. Les cy-devant tiraient bien parti de ce collège.... Nous n'avons pas leur savoir faire. Cependant, j'ai été reçu à bras ouverts. On me comble partout d'honnêtetés ».

Et trois mois après, le 30 décembre 1781 : « La terrible chose de monter une vaste maison ! Je n'ai plus affaire aux Bourguignons. La trempe du caractère de ces gens-ci est bien différente ! » Ce qui le réconforte un peu, « c'est que, dit-il, ma communauté est on ne peut mieux composée. Je trouve au dedans ce que le dehors me refuse. C'est ma grande consolation. Si les deux y étaient, cela vaudrait encore mieux. Avec le temps cela pourrait revenir. Mais on nous regarde comme des moines ! Ceux qui nous ont précédé n'avaient pas donné du métier une haute idée. Ce n'est qu'à la longue que nous pourrons jouir de la considération que mérite la Congrégation. »

Ainsi qu'on le verra dans le texte, Claude de Parades, qui avait été nommé, en 1770, grand-vicaire de l'archevêque de Reims, resta à la tête du collège d'Agen jusqu'aux plus mauvais jours de la Révolution. En 1792, il fut de ceux qui n'acceptèrent pas la Constitution civile du clergé, et il se refusa à prêter le serment civique. Forcé par suite de quitter la France, il se réfugia en Espagne, avec le chanoine Daubas, et il se fixa en un lieu appelé La Puebla de Montalban. Dans ses lettres d'exil, fort rares, et qu'il n'écrit qu'avec la plus extrême réserve, il se loue fort de l'accueil que lui fait le clergé espagnol.

Claude de Parades rentra en France en 1802, et plutôt que d'habiter l'Auvergne, sa patrie, il préféra revenir à Agen, où un membre de sa famille, marié à une demoiselle de Bazon, habitait le bel hôtel de la rue Saint-Jérôme qu'elle lui avait apporté, et où l'appelaient également ses anciennes relations. A peine installé dans notre ville, il fut nommé chanoine par Mgr Jacoupy, qui appréciait à leur juste valeur ses hautes qualités, et il occupa ce poste jusqu'à sa mort, arrivée le 11 novembre 1817.

Hâtons-nous de dire en terminant que c'est à l'extrême obligeance de M. Charles de Parades, ancien conseiller à la Cour d'Appel d'Agen, que nous devons tous ces renseignements sur son grand-oncle, qu'il a puisés lui-même à la source pure des archives de sa famille. Qu'il nous permette de lui adresser ici l'expression bien vive de nos remercîments.

tentes des rois, etc., en un mot toutes les archives de la maison[1]; enfin un état des réparations à faire tant au Collège qu'aux métairies, fermes et bâtiments qui en dépendent, et dont le devis s'élève à la somme de 27,549 livres, 15 sols[2].

Les classes s'ouvrirent en novembre, aussitôt qu'eut été rédigé et arrêté le règlement suivant, relatif à l'administration et au régime intérieur du Collège :

« Aujourd'hui, 14 novembre, 1781, Nous Jean-Louis d'Usson de Bonnac, évêque et comte d'Agen, de La Fite, lieutenant-général, de Raymond, chevalier de Saint-Louis, maire, et Claude de Parades, supérieur, assemblés dans une des salles du Collège, pour régler, conformément à l'article 12 des lettres patentes du 20 juillet de la présente année, les heures et la durée des classes, et fixer le temps des vacances, avons statué et arrêté les articles suivants :

— Article premier : La rentrée des classes se fera le 3 novembre, conformément à l'article 12 des lettres patentes. Le lendemain de la rentrée, les classes seront tenues une heure le matin et une heure le soir; dès le surlendemain, elles seront tenues le temps prescrit par l'article suivant. — Article 2 : L'entrée des classes se fera à la même heure pour tous les écoliers : à huit heures, le matin, jusqu'à la messe qui se dira à dix heures et quart, et le soir depuis deux heures et quart jusqu'à quatre heures et demie. — Article 3 : Depuis la Toussaint jusqu'à Pâques, on vaquera le mercredi et le samedi au soir; depuis Pâques jusqu'aux vacances, il sera donné congé le mercredi tout le jour et le samedi après dîner. — Article 4 : Une fête ou un congé arrivant le mardi tiendra lieu du congé du mercredi, et le congé du samedi sera placé le jeudi au soir. Une fête ou congé arrivant le jeudi tiendra lieu du congé du mercredi, et le congé du samedi sera placé le mardi soir. Si la fête ou congé tombe le ven-

---

[1] C'est grâce à cet inventaire que nous avons pu donner la plupart des renseignements qui précèdent.

[2] Archives municipales GG. 216.

dredi, on entrera tout le samedi.—Article 5 : On ne donnera jamais de congé extraordinaire, si ce n'est lorsque MM. les officiers municipaux feront la visite des classes, ou dans les grands événements. On vaquera le jour de la fête du R. P. supérieur, le jeudi gras, le jeudi de la mi-carême, le jour de la St-Nicolas, le jour de la distribution solennelle des prix, les veilles de Noël, des grandeurs de Jésus, de Pentecôte, de l'Assomption ; les semaines du jeudi gras, de la mi-carême et de St-Nicolas, on entrera le samedi au soir. — Article 6 : On n'abrégera jamais le temps de la classe, si ce n'est dans les grands froids, où le père préfet pourra donner ou le quart ou la demie. On aura également la demie, les 25 de chaque mois au soir, et toutes les fois qu'il y aura bénédiction. — Article 7 : Pendant l'année, aucune classe ne vaquera sans les autres classes, à moins qu'elle ne soutienne ou quelque thèse ou quelque exercice. La classe qui donnera l'acte vaquera le soir seulement. —Article 8 : À Noël, on vaquera depuis la veille inclusivement jusqu'après les fêtes. Les classes auront congé les trois jours gras et le Mercredi Saint inclusivement jusqu'au mercredi après Pâques exclusivement. Le jeudi de la semaine de Pâques sera congé, mais on entrera tout le samedi. Le mardi des Rogations, congé ; le samedi, après classe, on vaquera depuis la veille de la Pentecôte inclusivement jusqu'après les fêtes. Le jeudi après, il sera congé ; mais on entrera le samedi toute la journée. — Article 9 : Les deux compositions générales que le père préfet est dans l'usage de faire à Noël et à Pâques se feront le matin ; le soir, le Collège vaquera. Il en sera de même pour les compositions de prix. — Article 10 : Le 25 août, jour anniversaire de la naissance du Roi, on vaquera. Il sera dit une messe à laquelle le Collège assistera. Chaque jour, à la fin de la messe du Collège, on chantera le : *Domine, Salvum fac Regem.* — Article 11 : Les théologiens vaqueront le dernier juillet ; les philosophes, le 2 août ; les rhétoriciens, le 6 ; les seconds, le 10 ; les autres classes le 25. — Fait et arrêté dans l'une des salles du Collège royal d'Agen, le 14 novembre 1784. Ont signé : Jean-Louis, évêque et comte d'Agen ; Laffite, lieutenant général ; Raymond, maire ; et de Parades, prêtre de l'Oratoire [1]. »

---

[1] **Archives** municipales, GG., 216.

Sous les Pères de l'Oratoire, comme autrefois sous les Jésuites, la vie studieuse reprit dès cette époque son cours calme et monotone au Collège d'Agen. Rien de saillant ne s'impose à l'attention, depuis leur arrivée jusqu'à la Révolution. Les archives locales sont pauvres pendant cette période de temps; elles ne nous ont même pas conservé, comme ailleurs[1], les procès-verbaux des différentes visites faites au Collège d'Agen par les inspecteurs de l'Ordre. On sait en effet que le Père de Bérulle, dans ses règlements sur l'Oratoire avait ordonné « que tous les ans, un Visiteur viendrait contrôler l'administration de chaque maison et veiller sur l'observance des règlements ». Ce n'est qu'aux Archives nationales, à Paris. que nous trouvons le seul acte de visite faite « à la maison de l'Oratoire de Jésus à Agen, commencé le 12 et finie le 15 avril 1788, par le Père Gabriel Jean Beaudoux, nommé visiteur du troisième département, par ordre du Très Révérend Père général et de son Conseil, en date d'avril 1787[2]. » Nous y relevons les noms suivants des différents professeurs, en cette année 1788. Le Révérend Père Claude de Parades, régisseur; le Père François Goiran de la Mottière, préfet du Collège; le Père Laurent Roche. théologien[3]; le Père André Paquelin, rhétoricien; le Père Joseph Roulhac de Crouzel, à la pension; le confrère François Daignestous, physicien; le confrère Jean Davaux, sous diacre. logicien; le confrère Pierre de Parades; le confrère Lachaud, professeur de seconde; le confrère Antoine Florens, de troisième; le confrère Joseph Beraud, tonsuré, de quatrième; le confrère Jean-Joseph Hyacinthe Paul. tonsuré, de cinquième; le confrère Joseph Marcelin, tonsuré. de sixième; et le confrère Antoine Joachim Gros. tonsuré, à la pension. Le Collège possède en outre cinquante trois pensionnaires, un cuisinier, un aide,

---

[1] Les Archives si précieuses de Condom ont, entre autres villes, conservé avec soin les procès-verbaux de la plupart des visites faites au Collège de cette ville, collège qui fut dirigé par les Oratoriens de 1628 à 1792. Notre savant ami M. J. Gardère publie en ce moment même, dans la *Revue de Gascogne* (tome XXVII), l'histoire complète du Collège de Condom.

[2] Archives nationales. Domaines ecclésiastiques. S. 6774.

[3] Voir plus loin, à la date de 1811, la note biographique que nous consacrons au Père L. Roche.

deux portiers, un jardinier, deux domestiques de pension, une infirmière, un lecteur. Au spirituel tout est dans l'ordre requis. Les messes de fondation sont au nombre de deux cent vingt-sept. On en dit par an sept cent cinq. Les revenus provenant des différents biens (déjà nommés), des rentes foncières, des recettes casuelles ordinaires, des recettes extraordinaires, etc., tant perçus qu'à percevoir, se montent à la somme totale de 52.746 livres. Les dépenses, aussi bien les charges fixes annuelles que les dépenses extraordinaires et domestiques, atteignent le total de 48.988 livres. L'excédant n'est donc que de 3.758 livres. Le Père Visiteur termine ainsi son rapport: «C'est toujours avec une satisfaction nouvelle que nous visitons cette maison d'Agen. Le bon ordre, l'union et la paix en forment l'agrément. La régularité, l'application au travail et les succès soutiennent sa réputation et nous conservent dans cette ville l'estime dont le public nous honore. Nous pouvons justement espérer qu'il nous la continuera, d'autant plus volontiers qu'il verra continuer à la tête de la maison celui qui l'a gouvernée jusque icy avec tant de prudence. Tels étaient nos vœux l'année dernière. Ils sont aujourd'huy exaucés. Que le Seigneur daigne rendre aussi efficace ceux que nous formons avec l'apôtre: *Impleat vos Dominus omni gaudio et pace incredendo ut abundetis in spe et virtute Spiritus Sancti.* »

— Lorsque la Révolution arriva, les Pères de l'Oratoire, ainsi que nous l'avons déjà dit, accueillirent favorablement les nouvelles doctrines. C'est ainsi que leur supérieur le Père de Parades et le Père Goiran, vinrent avec les chefs des autres communautés religieuses, le 25 juillet 1789, adhérer à l'adresse rédigée par la municipalité agenaise, pour l'Assemblée Nationale, approuvant le maintien de l'autorité royale et la défense des libertés publiques. Néanmoins pour les Oratoriens, comme pour les autres Ordres religieux de la ville, les formalités à remplir furent les mêmes, et l'administration municipale dut, dès le 7 septembre 1790, et en vertu de l'article 5 du décret du 20 mars 1790, procéder à un inventaire en règle de l'état, biens, charges, revenus, etc., du Collège.

Cet acte fort long [1] nous apprend, entre autres choses, que les re-

---

[1] Archives départementales. Biens Nationaux.

venus du Collège ne s'élèvent plus qu'à la somme de 21,094 livres, 10 sols, provenant des métairies du Bédat près Monbran, de Bellevue sur le rocher de Saint-Vincent, de Darel dans la paroisse de Merens, du loyer de huit petites maisons attenant au collège dans la rue Maillé, des fruits décimaux des prieurés de Marmande, Puiguiraud, Tombebœuf, Prayssas, Pédegal etc., plus des diverses rentes payées soit par la ville, soit par les chapitres, soit par des particuliers. Les charges, tant en messes, que dettes, décimes, impôts, tailles, anciennes pensions des Jésuites, réparations, entretien des métairies, honoraires des professeurs qui se montent à 2,000 fr. atteignent la somme de 16,552 livres, 2 sols, 3 deniers. Les bénéfices nets ne sont donc que de 4,539 livres, 7 sols, 9 deniers. Suit l'état détaillé du mobilier du Collège. Nous y relevons l'indication de précieux ornements d'église ainsi que d'une quantité considérable de vases sacrés, calices, ostensoirs, ciboires. Les chambres sont au nombre de quatorze, suffisamment garnies. Il existe soixante deux couchettes de pensionnaires. Enfin le linge y est en bon état. En ce qui concerne les archives, l'inventaire est le même que celui qui fut fait lors de la prise de possession des Pères de l'Oratoire. La bibliothèque, bien fournie, est celle des Pères Jésuites à laquelle les Oratoriens ont ajouté de nombreux livres de mathématiques, de sciences, et de philosophie. Enfin voici quel est l'état actuel des prêtres, professeurs et frères coadjuteurs, à cette date du 7 septembre 1790 : Le Père Claude Parades, prêtre, âgé de 47 ans, supérieur; le Père André Paquelin, 31 ans, préfet du Collège; le Père François Daignestous, 33 ans, professeur de physique; le Père Gabriel Besançon, 38 ans, professeur de rhétorique; le Père Gabriel Montus, 28 ans, professeur de seconde; le Père Antoine Joachim Gros, 24 ans, professeur de cinquième; le Père Augustin Vialli, 22 ans, professeur de sixième; le Père Pierre Parades, 33 ans, préfet de pension, ainsi que le Père Philippe Roche, 21 ans, tous présents. Plus se trouvent le Père Laurent Roche, 33 ans, professeur de théologie, absent; le Père Joseph Esparia, 30 ans, professeur de logique, absent; le Père Joseph Paul, 28 ans, professeur de troisième, absent; le Père Jean Fareit Calbiac, 24 ans, professeur de quatrième, absent; enfin le Frère Jean Antoine Guérin, 35 ans, présent. « Consultés pour savoir quelles sont leurs intentions de rester ou de sortir des maisons de leur congrégation, lesdits Pères de l'Oratoire déclarent qu'ils ne sont pas obligés de les faire connaître, attendu qu'ils ne sont liés par aucune espèce de vœux. »

Rien de saillant ne surgit dans l'histoire du collège d'Agen jusque à la fin de l'année 1792, époque où déjà nous le trouvons tombé, en moins de deux ans, dans une profonde décadence. Le nombre des élèves avait sensiblement diminué. La confiance en ces prêtres, qui presque tous avaient prêté le serment constitutionnel[1] et dont beaucoup se marièrent quelques années plus tard, s'affaiblissait chaque jour davantage, et ce n'est pas en enfermant « les ci-devant nobles dans une salle du Collège, transformé en prison. » ainsi que nous l'apprend Proché[2], qu'on pouvait donner aux études une bien forte impulsion. L'esprit du reste était tourné vers des préoccupations plus graves. En ces heures tourmentées où la Révolution enfiévrait tous les cœurs, où les honnêtes gens vivaient dans une crainte continuelle d'être dénoncés, où régnaient en maîtresses absolues la loi des suspects et la Terreur, quel père de famille pouvait songer à faire élever tranquillement son enfant? Les collèges de France, comme toutes les autres institutions d'alors subirent en ces moments une rude atteinte, et, les choses devenant pires, ils ne s'en relevèrent pas.

—Déjà, le 18 août 1792, un décret de l'Assemblée législative établit que tous les biens qui formaient la dotation des collèges desservis par des Congrégations seraient vendus comme biens nationaux. Un mois après, le décret était mis à exécution à Agen et toutes les fermes et métairies des Pères de l'Oratoire expropriées. Entre autres pièces conservées à nos archives départementales, consignons ici l'estimation faite, le 4 octobre 1792, par les experts municipaux

---

[1] Nous avons vu précédemment, à la note biographique consacrée au Père Claude de Parades, que le supérieur du Collège d'Agen n'accepta pas la Constitution civile du clergé, et, sur son refus de prêter le serment civique, dut prendre le chemin de l'exil.

[2] Proché, Annales de la ville d'Agen, p. 21.

d'Agen, de la maison et métairie de Bellevue, sise sur le rocher de Saint-Vincent et dépendant du Collège d'Agen. La terre est portée à la valeur de 7,251 livres, 18 sols, et la maison à celle de 2,500 livres. Estimation générale 9,751 livres 18 sols[1].

Deux semaines après, le 19 octobre 1792, c'est le récollement de l'inventaire des meubles et effets de la maison du Collège. Rien n'a été changé dans le mobilier depuis la date du 7 septembre 1790. Seul l'état du personnel est sensiblement modifié. Le Père Claude Parades n'est plus supérieur. C'est le citoyen François Daignestous, ancien professeur de physique, qui l'a remplacé à la tête de l'établissement. « Ledit Daignestous, ainsi que les citoyens Gabriel Besançon, Joseph Créchent, Gabriel Montus, Jean-Baptiste Pérès, Laurent Roche, Antoine-Joachim Gros, Jean-Honoré Jourdan, Jean Laurent Fauché et Joseph-André Tardieu nous ont déclaré vouloir continuer le service du Collège à titre individuel; tandis que les citoyens Jean Calbiac, Farcit, Parades, Lachaud et Guérin ont déclaré, qu'attendu le défaut d'emploi dans ledit Collège, ils entendent se retirer dans leur famille[2]. » Suit un tableau indicatif des mêmes ci-devant prêtres de l'Oratoire, avec leur âge et la date de leur entrée dans la congrégation, tableau qui fut dressé au moment de la fermeture du Collège, le 5 mars 1793[3], ainsi que « l'état de fixation du traitement des divers congrégationnaires de ladite maison de l'Oratoire d'Agen.[4] » On accorde 930 l. au citoyen Parades, qui a 31 ans de congrégation ; 480 l. au citoyen Daignestous qui en a 16 ; 540 l. au citoyen Laurent Roche, qui en a 18 ; 200 l. à Louis Paschal Roche, qui en a 10 ; 390 l. à Joseph Créchent, qui en a 15, etc.

Le Collège continua donc de fonctionner en ces conditions, durant toute l'année 1792. Une note conservée dans le calendrier national du département de Lot-et-Garonne, (année

---

[1] Archives départementales. Biens nationaux. Collège.
[2] Archives départementales. Biens nationaux. Collège.
[3] Archives nationales. S. 7482. Carton. Diocèse d'Agen.
[4] Archives départementales. Biens nationaux.

bissextile 1792, Agen. chez la veuve Noubel et fils aîné), exemplaire devenus fort rare, nous apprend que « le Collège est composé d'un supérieur, le citoyen Daignestous, d'un préfet des classes, de deux professeurs de philosophie, d'un professeur de rhétorique, d'un professeur de seconde. d'un régent de troisième, de quatrième, de cinquième et de sixième. Les objets de l'éducation que l'on y donne sont la religion, la grammaire française et latine, la géographie, l'histoire, la poésie, l'éloquence, les mathématiques et les diverses branches de la philosophie. L'état d'incertitude où l'Assemblée Nationale a laissé les congrégations sur leur sort a fait suspendre la pension qui existait dans ce Collège et où l'on a pu recevoir de soixante à soixante-dix pensionnaires. Il a été ouvert cette année un cours public et gratuit de mathématiques, qui a lieu chaque jour à la sortie des classes du matin. »

Quoiqu'il en fût, et malgré leur bonne volonté « de continuer le service du Collège à titre individuel », les derniers Oratoriens d'Agen durent, en moins de deux ans, se courber de nouveau sous la tyrannie révolutionnaire et disparaître avec les débris du vieux Collège d'Agen.

Le 15 septembre 1793, la Convention prononçait en effet la suppression de tous les Collèges et Universités de France, et elle ordonnait en même temps la vente de tous les biens qui en formaient la dotation «sous quelque dénomination qu'ils fussent connus ». Le Collège d'Agen fut aussitôt fermé. Six jours après, le 21 septembre, son église servait de lieu de réunion à la nouvelle société populaire d'Agen, d'où les modérés venaient d'être expulsés, et qui décida qu'une fête solennelle serait célébrée le dimanche suivant en l'honneur de la Convention et de la Montagne. Proché, qui nous en donne tous les détails [1], ajoute qu'elle eut lieu en effet « aux cris de vive la Montagne ! vivent les sans-culottes ! à bas les royalistes et les girondins ! », qu'on y «porta en triomphe le tableau de Marat tué par Charlotte Corday, et qu'on livra au bûcher tous les tableaux qu'on avait retirés des églises ou du château d'Aiguillon, et dont

---

[1] Annales de la ville d'Agen. p. 30.

quelques-uns étaient des chefs-d'œuvre ! » Il nous apprend en même temps que depuis cette année 1793 jusqu'à la vente de l'an VII, « les assemblées décadaires se tinrent dans l'église de l'ancien Collège ; mais que ce local ayant été vendu à divers particuliers, le temple décadaire fut transféré à Saint-Caprais, où se faisait aussi le service divin, à des heures différentes[1] ».

L'instruction publique fut donc, à partir du mois de septembre 1793, entièrement supprimée, ou à peu près, dans toute la France. Dix-neuf universités, dont quelques-unes comme celle de Paris qui remontait au commencement du xiii° siècle, disparurent tout à coup de par la volonté de quelques sectaires imbéciles, et avec elles 562 collèges « qui réunissaient, en 1789, 72,747 élèves, sur une population de vingt-quatre millions, nombre supérieur de 18,445 à celui que présentaient en 1840 les 485 lycées, collèges communaux et petits séminaires dans leur ensemble, alors que la population de la France s'était accrue de près de dix millions [2]. »

A Agen, il ne restait plus que l'ombre du Collège, transporté dans un local provisoire et dirigé encore par les quelques Oratoriens qui avaient prêté le serment constitutionnel, qui depuis avaient repris l'habit laïque, et qui étaient « les citoyens François Daignestous, agé de 37 ans, ex-congrégationnaire, professeur de physique et de mathématiques ; Joseph Tardieu, âgé de 33 ans, ex-congrégationnaire, professeur de physique et de mathématiques ; Gabriel Montus, âgé de 35 ans, ex-congrégationnaire ; Gabriel Besançon, âgé de 42 ans, ex-congrégationnaire, professeur de rhétorique ; Créchent âgé de 30 ans ; Joachim Gros, de 28 ans ; Laurent Fauchier, de 28 ans ; Jourdan, de 22 ans, tous ex-congrégationnaires, ayant professé autrefois les basses classes. » C'est ce que nous apprend, *une Réponse de l'administration du district d'Agen aux questions que la commission de l'instruction publique lui a adressées, le 6 brumaire an III*

---

[1] Annales de la ville d'Agen, page 74.

[2] Nous empruntons ces chiffres à la remarquable « *Notice sur le collège de Saintes*, par M. Pierre Stanislas Moufflet (Saintes M. Z. Mortreuil, rue Eschassériaux, 42, in-8°).

(27 octobre 1794) *et datée elle-même du 23 brumaire de la même année* [1]. « Malgré la bonne volonté des instituteurs, y est-il dit, le Collège est par l'effet des circonstances qu'a amenées le nouvel ordre de choses dans un état de décrépitude qui fait désirer à l'administration et à tous les citoyens qu'il soit remplacé par une nouvelle institution. Néanmoins elle se croit obligée de l'entretenir jusqu'à ce que la suppression ait été prononcée. » Et plus loin : « On y enseigne : les droits de l'homme et la Constitution, les langues française et latine, l'histoire ancienne et moderne, la géographie, les mathématiques et la physique, la philosophie et *la morale républicaine* [2] ».

Un programme aussi vague, une méthode aussi élastique, ne pouvaient ramener au Collège la faveur et le succès. Aussi ce dernier semblant d'institution régulière disparut-il rapidement, avant la fin de l'année, avec ses derniers professeurs. Nous ne trouvons plus, depuis cette époque jusqu'à la création de l'Ecole Centrale, trace d'un enseignement public quelconque, si ce n'est toutefois dans quelques maisons privées d'instituteurs. Nous voyons, au contraire, pendant ces trois années de désordre et de confusion extrêmes, s'émietter peu à peu les derniers souvenirs de notre ancien établissement d'instruction. C'est ainsi que dans « l'Etat des bâtiments invendus, du 14 vendémiaire, an III », nous lisons, que « la maison du collège renferme, à cette date, les détenus par mesure de sûreté générale, et que l'église sert de magasin à fourrage ». Mais, sans doute par une exception et une attention délicates, « elle a été destinée par le représentant du peuple Monestier à devenir un temple à l'Etre Suprême ! » L'année suivante, en Prairial et en Messidor an IV, c'est la visite et estimation des huit petites maisons, sises rue de la Liberté, dépendantes de l'ancien Collège et dont chacune a déjà sa soumission-

---

[1] Archives départementales de Lot-et-Garonne. Fonds non classé. (Lettre publiée par M. Ad. Magen dans la *Revue de l'Agenais*. T. IX, 1882)

[2] Elle était jolie la morale républicaine d'alors, à l'heure où, sur l'échafaud, tombaient les têtes des victimes, toutes parfaitement innocentes, et où, dans la rue,

<blockquote>
« ..... la Tallien, soulevant sa tunique,
Faisait de ses pieds nus craquer ses anneaux d'or ! »
</blockquote>

naire [1]. Le 19 Fructidor an VI, c'est un décret décidant que le ci-devant Collège d'Agen sera vendu comme bien national. Enfin, le 5 Brumaire an VII, c'est son partage définitif en neuf lots : « Avons en effet reconnu, disent les experts municipaux, que le party le plus avantageux à la vente de la maison de l'ancien Collège est de la diviser en neuf lots. On pourrait diviser la cour en trois lots du côté du midi, mais il vaut mieux la laisser commune aux neufs lots. » La vente eut lieu, définitive, le 1er Floréal an VII. Entrons à cet égard dans quelques détails sur le dernier document qui nous reste concernant l'ancien Collège d'Agen [2].

Le premier lot consistait « dans les bâtiments qui composent l'aile droite en entrant, depuis l'escalier en pierre jusqu'au mur de façade du principal corps de logis ». Il fut vendu le 1er Floréal an VII, moyennant la somme de 400.000 fr. (valeur du temps).

Le second lot fut réservé ; il ne fut vendu que plus tard, le 24 Vendémiaire an IX.

Le troisième lot, « comprenant le vestibule, la cuisine et trois grandes chambres au rez-de-chaussée sur le jardin avec les caves au-dessous, la cour, grange et morceaux de jardin, avec les étages supérieurs au-dessus des bâtiments susdits, » atteignit la somme de 450.000 fr. (toujours valeur du temps).

Le 4e lot, qui, ainsi que tous les autres, fut vendu le 1er floréal an VII, consistait « en une grange attenant au 3e lot, avec un hangard et une cour fermée par un grand portail, donnant sur la rue Caillou ». Il fut vendu 122,000 francs.

Le 5e lot, consistant « dans son rez-de-chaussée en une grande salle à gauche du vestibule, coupée de trois cloisons, une chambre à la suite, cave au-dessous, terrasse et jardin, plus les étages supérieurs », fut vendu 600,000 francs.

----

[1] Archives départementales. Biens nationaux
[2] Idem. Collège.

Le 6e lot, consistant « en une grande salle appelée, la *salle d'armes*, avec une autre en retour, coupée d'une cloison, avec un petit escalier, les étages supérieurs, les caves, la terrasse et le jardin », vendu 404,000 francs.

Le 7e lot, consistant « en six basses classes à prendre derrière le huitième lot jusqu'au n° 7 », vendu 200,000 francs.

Le 8e lot, consistant « en une basse classe à la suite du n° 7 et une petite partie de l'église servant de temple décadaire », vendu 115,000 francs.

Enfin, le 9e lot, « comprenant la plus grande partie de l'église, servant de temple décadaire, plus la sacristie attenant à l'église avec le clocher », vendu 70,000 francs.

Ainsi disparut entièrement l'ancien collège d'Agen, dont il ne resta bientôt plus, à la suite des nouveaux aménagements faits par les divers acquéreurs de l'an VII, aucune trace matérielle. Seule fut conservée, nous dit encore Proché[1], la porte de l'église, placée au coin des deux rues Maillé et Grande-Horloge. Elle ne fut détruite qu'au mois de juillet 1815. « M. Faucon, négociant avait acquis ce local et y avait fait bâtir une maison qu'il a vendue au sieur Currius, imprimeur, qui y a établi sa demeure et son magasin ». C'est actuellement la maison de M. Droul-Sigalas, fabricant de fleurs artificielles.

VI. — L'ÉCOLE CENTRALE (1796-1802).

Nous avons déjà vu que la Convention, par un décret du 15 septembre 1793, avait prononcé la suppression de tous les collèges et universités de France. Trois mois après, par décret du 10 décembre de la même année, elle proclamait la liberté absolue de l'enseignement, « ne reconnaissant comme fonctionnaires publics avec

[1] Annales de la ville d'Agen, p. 215.

traitement de l'**Etat** que les instituteurs qui se bornent à enseigner la lecture, l'écriture et les premières notions d'arithmétique ». C'était n'autoriser que l'enseignement primaire et supprimer du coup l'enseignement secondaire. Par un nouveau décret du **25** février **1795**, elle confirma la suppression de tous les collèges ; mais elle comprit bientôt qu'elle ne pouvait laisser plus longtemps la France dans un état aussi complet d'ignorance et d'abrutissement, et elle décida que, dans chaque chef-lieu de département, il serait créé une *École Centrale*, sorte de faculté chargée de distribuer un enseignement général, encyclopédique. C'était par trop vague. Aussi ce décret ne fut-il jamais appliqué. Il fallut attendre le **25** octobre suivant, jour où fut votée une loi d'organisation générale de l'instruction publique, établissant une école primaire par canton et une école centrale par département. La nouvelle loi répartissait l'enseignement en trois sections : la première section, dans laquelle ne pouvaient entrer que les élèves âgés de moins de douze ans, comprenait le dessin, l'histoire naturelle, les langues anciennes et les langues vivantes, ces dernières restant facultatives suivant les localités. La deuxième section, ouverte aux élèves de quatorze à seize ans, embrassait les mathématiques, la physique et la chimie expérimentales. Enfin, dans la troisième section, pour laquelle il fallait avoir seize ans au moins, on enseignait la grammaire générale, les belles-lettres, l'histoire et la législation. Une bibliothèque était créée, sous la surveillance d'un bibliothécaire, qui était fonctionnaire de l'école. Enfin un jury spécial examinait et choisissait les professeurs, dont le traitement était le même que celui des administrateurs de département, et qui se partageaient en outre le produit d'une rétribution annuelle fixée par le département et ne devant pas dépasser vingt-cinq francs pour chaque élève.

À Agen, l'école centrale fut immédiatement organisée. Le jury chargé de choisir les professeurs fut composé du général de brigade Duvigneau, de M. de Saint-Amans et de M. de Sevin, l'aîné. Se conformant à la loi récemment votée, ils arrêtèrent le programme des études et nommèrent pour la première année (an V) :

1re section : Dessin : le citoyen Parfait-Lumière, élève de David. Histoire naturelle : Saint-Amans, « qui devra s'inspirer des méthodes de Daubenton pour les minéraux, de Linné pour les végétaux, et de Linné et de Geoffroy pour les animaux [1] ».Langues anciennes : Pérès, ancien oratorien [2].

2° section : Mathématiques : Louis Puissant [3]. « qui apprendra

[1] Le nom de Saint-Amans est tellement connu, sa biographie a été si souvent écrite, ses ouvrages sont actuellement si universellement répandus, que nous croirions faire injure à nos lecteurs, en lui consacrant ici une note bio-bibliographique, pour aussi sommaire qu'elle fût.

[2] J. B. Pérès naquit le 15 décembre 1752 à Valence d'Agen. Il fit ses études au collège de Condom, tenu par les Oratoriens, et il entra, aussitôt après, dans cette congrégation où il ne tarda pas à passer maître. Si nous en croyons M. Joseph Gardère, il professa même trois ou quatre ans à Condom, d'où il fut envoyé en Bretagne, puis à Lyon. Nous ne serions pas surpris que, dès l'arrivée des Oratoriens à Agen, il ait même rempli quelque emploi au collège de cette ville ; mais nous ne pouvons fournir aucune preuve exacte à l'appui de cette assertion. A la Révolution, Pérès quitta l'habit religieux, et on le trouve en 1793 avocat à Lyon ; puis il vint à Agen, où il fut désigné pour occuper, en l'an V, la chaire des langues anciennes à l'école centrale. Il y resta trois ans ; après quoi il dut se retirer devant la malveillance et la basse jalousie de son collègue, le citoyen Parfait-Lumière, qui l'accusait « de manquer de la saine philosophie et du zèle nécessaires pour les institutions républicaines ». C'est alors qu'il se retira chez son frère à Malauze, où il ne s'occupa plus que de droit, d'histoire et de philosophie. Pérès remplit bien encore quelques fonctions dans la magistrature ; mais ce ne fut que passagèrement. En 1826 cependant, il revint à Agen où on lui confia le soin d'administrer la bibliothèque de la ville. Il occupa cette fonction jusqu'à sa mort, arrivée le 6 janvier 1840. Outre de nombreux mémoires et dissertations philosophiques, tels que : *Dissertation sur le miracle de Josué ; Leçons du prophète Elie ; Entretiens d'Ariste et d'Eugène ; L'Apocalypse dévoilée ou le livre de l'avenir appuyé du présent et du passé en matière religieuse et politique* ; etc. Pérès est l'auteur du « *Grand Erratum* » opuscule anonyme de 42 pages, in-32, paru à Agen en 1835, et que l'on a réimprimé en 1838 (Paris, Risler, rue de l'Oratoire), sous le fameux titre de : *Comme quoi Napoléon n'a jamais existé*. (Voir pour plus amples renseignements sur Pérès, la remarquable étude que lui a consacrée M. Ad. Magen dans ses *Souvenirs d'un bibliophile* (*Revue de l'Agenais*, tome III, p. 201 et suiv., année 1876).

[3] Louis Puissant, professeur à l'école centrale d'Agen, plus tard membre de l'Institut, est l'auteur des *Tables de comparaison entre les mesures anciennes du département de Lot-et-Garonne et celles qui les remplacent dans le nouveau système métrique*. In-8°. Agen, Imprimerie du département. An VII. Voir la notice que lui consacre M. Andrieu dans le Tome II, page 220, de sa Bibliographie Agenaise ; Agen, 1887.

l'arithmétique, l'algèbre, la géométrie, la trigonométrie.— Physique et chimie expérimentale, Lomet [1].

3e section : Grammaire générale : Godailh [2]. Législation : Caylar. Belles-lettres : Jarente.

Le professeur d'histoire ne fut pas désigné cette année-là. Le bibliothécaire fut le citoyen Delsoert.

Le local manquait. Aussi l'école centrale de Lot-et-Garonne ne commença-t-elle véritablement à fonctionner que l'année suivante, lorsque, par décret du 19 fructidor an VI, l'évêché d'Agen (préfecture actuelle), l'enclos qui en dépendait et le jardin du Grand Séminaire furent affectés à ladite école. Voici le texte même de cette loi qui autorise la translation de l'école centrale du département de Lot-et-Garonne au ci-devant évêché d'Agen :

« Du 18 thermidor an VI.

Le Conseil des Cinq Cents, après avoir entendu, dans ses séances des 19 messidor dernier, 1er thermidor courant et de ce jour, la lecture d'un projet de résolution qui lui a été présenté par une

---

[1] Nous avons déjà donné, dans la préface même de notre ouvrage sur les Couvents d'Agen, p. 10, une note bio-bibliographique suffisamment étendue sur le célèbre ingénieur Lomet. Nous prions nos lecteurs de vouloir bien s'y reporter.

[2] Jean-Gaspard-Jules de Godailh naquit à La Meyrade, commune de Tournon, en 1763. Il embrassa de bonne heure la vie militaire, devint capitaine d'artillerie, puis donna sa démission au moment de la Révolution. Ainsi que nous le voyons, il fut chargé à l'école centrale d'Agen de la chaire de grammaire générale, qu'il occupa de l'an V à l'an IX (1801), époque où il fut remplacé par M. de Vigné fils. Secrétaire général de la Préfecture de Lot-et-Garonne, il fut nommé député de ce département en 1804, fut réélu en 1809, et conserva son mandat jusqu'au 20 mars 1815. Puis il rentra dans la vie privée, et mourut à Agen le 17 octobre 1840. Membre de la Société académique d'Agen, il a laissé plusieurs ouvrages et mémoires dont presque tous sont insérés dans son recueil. (Voir notre étude sur les députés du Lot-et-Garonne aux États-Généraux et aux Assemblées modernes. Agen 1876. Voir aussi la bibliographie agenaise de M. Jules Andrieu, tome I, p. 330. Agen 1886, etc.)

commission spéciale, sur le message du directoire exécutif du 23 fructidor dernier, relatif à la demande de l'administration centrale du département de Lot-et-Garonne tendante à obtenir : 1° que l'Ecole centrale de ce département soit transférée au ci-devant Evêché d'Agen ; 2° qu'une partie du jardin du ci-devant séminaire, contigu à l'enclos du ci-devant évêché, soit affectée au jardin botanique destinée à ladite école ;

Et déclaré qu'il n'y a pas lieu à l'ajournement, prend la résolution suivante :

Art. I. Le corps du bâtiment destiné ci-devant au logement du ci-devant Evêque d'Agen et l'enclos en dépendant sont affectés à l'établissement de l'Ecole centrale du département de Lot-et-Garonne.

II. — L'Administration centrale de ce département est autorisée à disposer, pour l'établissement d'un jardin botanique destiné à l'Ecole centrale, de la partie du jardin du ci-devant séminaire, désignée pour cet objet dans son arrêté du 6 pluviôse an V et dans le plan qui demeurera annexé à la présente.

III. — Le ci-devant collège d'Agen est mis à la disposition de la régie des domaines nationaux pour être aliéné conformément aux lois relatives à ces domaines. La présente résolution ne sera pas imprimée. Ont signé : Lecointe, Puyraveau, président. Duplantier (de la Gironde), Boulay-Paty et Nousan, secrétaires. La loi fut approuvée par le Conseil des Anciens, le 19 fructidor an IV, et promulguée par le Directoire, le 21 fructidor de la même année [1].

La cérémonie d'installation de l'Ecole, nous dit M. Ad. Magen [2] d'après un registre de l'époque, fut bruyante et solennelle, ainsi que le voulait la mode du temps. « Au jour marqué, le cortège, parti de la salle où siégeait la municipalité, s'achemina vers l'Ecole,

---

[1] Archives départementales de Lot-et-Garonne. Imprimés. Voir aussi : Archives municipales d'Agen, GG. 211.

[2] *Souvenirs d'un bibliophile*. Revue de l'Agenais. T. III. p. 211. Année 1876.

au roulement des tambours. En tête marchaient les autorités cons-
tituées ; à leur suite, les corps civils et militaires, le jury central
d'instruction publique et l'ex-jury des Ecoles primaires, puis les
professeurs et leurs élèves, enfin les amateurs composant la musique
de la ville, le tout flanqué de cent gardes nationaux. On passa, en
entrant, sous des guirlandes où le laurier s'entremêlait au chêne
et que surmontaient des drapeaux *tricolors*. Il y eut des discours,
des compliments mutuels ; après quoi, chaque professeur monta
dans sa chaire et inaugura son cours. »

Malgré la magnificence de l'édifice qui fut ainsi mis à sa disposition et la valeur de ses premiers professeurs, l'Ecole centrale du Lot-
et-Garonne ne prospéra pas. C'est ce que nous apprend le curieux
rapport d'un des membres de l'Administration Centrale du département, dans la séance du 6 nivôse an VII[1]. « Organisée, dit-il,
au commencement de l'an V, c'est-à-dire à la naissance de la réac-
tion déplorable qui menaçait à la fois toutes les institutions républicaines, l'Ecole Centrale dut se ressentir de la fluctuation des
idées politiques et de la marche rétrograde de l'opinion. Le département de Lot-et-Garonne était moins agité que la plupart des départements méridionaux ; mais il était impossible qu'il se dérobât
entièrement à l'influence désastreuse du système des réacteurs.
Aussi l'Ecole Centrale éprouva-t-elle, malgré le témoignage d'intérêt de plusieurs fonctionnaires publics, cette espèce d'abandon, in-
dice trop certain de l'indifférence et du mépris. Une crise salu-
taire[2] a ranimé les espérances de ceux qui ont appris à ne pas céder
aux obstacles ; mais elle n'a pas dissipé toutes les erreurs ; elle n'a
pas vaincu tous les préjugés. L'Ecole Centrale est doublement
exposée à leur atteinte parce qu'elle est créée sur un plan qui con-
trarie les anciennes méthodes d'enseignement autant que certaines
affections politiques et littéraires. » Suit un rapport spécial sur

---

[1] L'Administration Centrale du département de Lot-et-Garonne était composée, pour l'an VII, des citoyens : Raymond Nouhel, président ; Lamar-
que, Lespiauit, A. Vidalot fils, administrateurs ; C. M. Lafont, commissaire
du directoire exécutif et Diché, secrétaire en chef.

[2] L'auteur veut parler ici du coup d'état démagogique du 18 fructidor
an V (4 septembre 1797).

chacune des branches de l'enseignement qui y est donné. En voici quelques passages. curieux spécimens du style emphatique et prétentieux du moment :

Dessin : professeur, le citoyen Parfait-Lumière. On dédaignait autrefois, dit le rapport, dans les anciens collèges, la musique et le dessin, « ces deux arts enchanteurs, si propres à éveiller la curiosité de la jeunesse, à captiver son attention en ne parlant qu'à ses sens, à fixer son inconstance sans flétrir son âme par l'impression de la tristesse. à l'instruire. en dérobant, sous l'attrait du plaisir, toute l'aridité des leçons. » L'homme opulent seul avait le privilège de les faire apprendre à ses enfants. Le nouveau plan a corrigé cet abus. Aujourd'hui ces deux arts, notamment le dessin, sont à la portée de tous. En l'an V, cinquante-trois élèves fréquentaient le cours de dessin ; en l'an VI, ce chiffre s'est élevé à quatre-vingt-trois.

Histoire naturelle : professeur, le citoyen Saint-Amans. Négligée autrefois, cette science devient très à la mode. « En l'an V, les leçons ont roulé sur la minéralogie, d'après l'ordre méthodique de Daubenton, et sur la botanique, suivant le système de Linné ; elles ont été suivies par sept à huit élèves, auxquels se sont joints beaucoup d'amateurs. On y a joint, en l'an V, des leçons d'entomologie, d'après la méthode de Geoffroy. » M. de Saint-Amans réclame l'installation d'un cabinet d'histoire naturelle et d'un jardin botanique.

Langues anciennes : professeur, le citoyen Pérès. On ne s'occupait que d'elles autrefois : l'abus a été reconnu. Néanmoins. sans les supprimer entièrement, ainsi que le voudraient certains esprits par trop réformateurs, elles doivent être cultivées, mais modérément. « Quiconque sera jaloux de remonter aux sources du génie et du goût, quiconque voudra se former à la pratique des vertus républicaines, doit cultiver de bonne heure les langues sonores, riches et majestueuses, qui nous ont conservé les chefs-d'œuvre d'Homère et de Virgile, de Démosthène et de Cicéron, de Thucydide et de Tacite. »

Mathématiques : professeur, le citoyen Louis Puissant. C'est un des cours les plus suivis de l'Ecole Centrale. Il est annuel et possède au moins une quinzaine d'élèves.

Chimie et physique expérimentale : professeur, le citoyen Lomet. « Ce cours n'a été ouvert qu'en brumaire an VI. Mais le manque absolu d'appareils, de substances et de machines a paralysé le zèle du professeur. Les élèves se sont découragés et le cours n'a plus été suivi que par douze à quinze citoyens. » Il faut remédier au plus vite à cet état de choses.

Belles-Lettres : professeur, le citoyen Huart. L'éloquence et la poésie y sont particulièrement enseignées.

Grammaire générale : professeur, le citoyen Godailh.

Histoire : Il n'y a pas encore eu de cours, le professeur n'étant pas nommé.

Législation : professeur, le citoyen Caylar. On a enseigné à ce cours le droit naturel et public, en l'an V ; puis, en l'an VI, le texte de la Constitution française.

Bibliothèque publique, le citoyen Delsoert, bibliothécaire. Elle contient environ six mille volumes, provenant des bibliothèques des divers districts ou d'autres dépôts nationaux, notamment des différents anciens couvents.

En outre, un pensionnat vient d'être formé auprès de l'Ecole Centrale par les citoyens Delsoert, Godailh, Huart, Lomet, Parfait-Lumière et Louis Puissant, qui se sont associés à cet effet. Plusieurs jeunes gens y sont déjà entrés. »

Une fois lu, ce rapport fut approuvé par tous les membres de l'Administration Centrale de Lot-et-Garonne, qui en ordonnèrent l'envoi à toutes les administrations municipales du département, afin qu'elles le répandissent à profusion [1].

— L'année suivante, en l'an VIII, la situation reste à peu près la

------

[1] Extrait des registres des délibérations de l'Administration Centrale du département de Lot-et-Garonne. Archives départementales.

même, malgré l'exagération et la réclame du rapport annuel.
« L'École Centrale du département de Lot-et-Garonne, y est-il dit,
est parvenue à dissiper en partie les préjugés qui ne manquent jamais
de s'élever contre les nouveaux établissements d'instruction publique. Nous ne parlons pas des scrupules des ennemis de la liberté :
car nous sommes obligés d'avouer que ceux-là sont conséquents
qui, ne voulant pas qu'on forme des hommes libres, s'élèvent contre
toute instruction libérale. Mais plusieurs bons citoyens, ne voyant
rien de mieux que les établissements où ils se sont formés, ont ré-
pandu cette erreur dans les esprits accoutumés à ne juger que sur
leur parole. Il est bon de le remarquer pour que le triomphe des
nouveaux établissements jouisse de tout l'honneur qui lui est dû.
Des républicains inconséquents regrettent les anciennes corpo-
rations enseignantes, tant il est difficile de secouer le joug de l'ha-
bitude et des préjugés. Il n'y a que ceux qui sont allés par eux-
mêmes fort au delà de ce qu'on enseignait dans les collèges et les
universités qui ont pu sentir la nécessité d'une grande réforme
dans l'instruction publique et les rapports qui doivent exister entre
eux et la nature du gouvernement sous peine de mort pour celui-ci.
Des exercices partiels ont eu lieu à la fin de l'année scolaire, et
les élèves qui y ont paru ont donné des preuves de leur zèle, de
leur intelligence et des soins de leurs professeurs [1]. »

Les professeurs sont les mêmes, sauf que le citoyen Huard a remplacé le citoyen Pérès pour l'enseignement des langues anciennes.
Les chaires d'histoire, de belles-lettres et de législation restent
vacantes. La bibliothèque s'est agrandie ; elle contient 9,300 volumes. Le bibliothécaire est chargé de faire un cours sur la bibliographie et l'histoire littéraire. Un pensionnat est établi dans
une partie des bâtiments de l'École, « très commode pour toute
espèce d'exercice : la santé, la propreté, les études, les récréations
et les mœurs surtout y sont continuellement surveillés. » Par arrêté
du 26 ventôse an VII, un Museum est installé dans une des salles
de l'école ; « il est destiné à recevoir la productions des beaux-arts

---

[1] Ce rapport est reproduit en partie dans l'*Annuaire de Lot-et-Garonne*,
an VIII. Agen, Raymond Noubel, p. 70 et suivantes.

qui pourront se trouver dans les maisons nationales du département, les bustes de ses hommes célèbres, et la notice des faits d'armes distingués de ses guer..iers. » Enfin un jardin des plantes est
organisé dans l'enclos du ci-devant séminaire. Proché nous apprend « qu'il était très bien entretenu par les soins de M. Brie,
jardinier, sous la surveillance de M. de Saint-Amans, qui y faisait
des démonstrations de botanique à ses élèves, et qui avait enrichi
ce jardin de toutes les plantes étrangères que lui et le jardinier
avaient pu se procurer [1]. »

Il ne faut pas croire que l'Ecole Centrale ait été à cette époque
le seul établissement d'instruction publique du département. Il
avait été créé, dans chaque canton, des écoles primaires ou les élèves apprenaient à lire, à écrire, à calculer, ainsi que « les éléments
de la morale républicaine. »

Les instituteurs étaient nommés par les administrations du département, sur la présentation des administrations municipales et
après avoir été examinés par un jury d'instruction. En ce qui concerne uniquement la ville d'Agen, les directeurs des écoles primaires étaient, en l'an VIII, les citoyens Augey-Delaygue, place Cailli-
ves ; Mignet le jeune, place Hilaire ; Laval, rue Ça-Ira; Raymond
Cruzel, rue Pont-de-Garonne. Institrutices primaires ; les ci-
toyennes : Lanne-Laboubée, rue du Temple et Marie Champié, rue
François. Comme instituteurs privés, maîtres ou maîtresses de
pension, il y avait encore, les citoyens: Besançon, ancien Oratorien,
rue Constitutionnelle ; Proché, rue Antoine ; Lannes, rue Porte-
Neuve ; Planté, rue du Cat et Delmas, au ci-devant Collège ; enfin
Catherine Douzon, aux ci-devant Augustins.

Quelques changements sont à noter dans le personnel de l'Ecole
Centrale, en l'an IX (1801). Le sieur Vigué fils [1] prend la chaire de

---

[1] Annales de la ville d'Agen, p. 63. —M. de Saint-Amans prit, vers cette
époque, pour suppléant de son cours d'histoire naturelle à l'Ecole Centrale,
Jean Vincent-Félix Lamouroux, son compatriote et ami, en même temps
que son collègue à la Société Académique d'Agen. Naturaliste des plus
distingués, Félix Lamouroux devint bientôt lui-même professeur d'histoire
naturelle à l'Académie de Caen, et il illustra son nom par de très nombreuses publications scientifiques, notamment sur les *fucus* et la plupart
des plantes marines.

grammaire générale et Laroche fils, aîné, celle des belles-lettres. Lacoste aîné est nommé professeur d'histoire ; enfin, Phiquepal est chargé du cours de législation. Le discours de clôture est prononcé cette année-là par le nouveau préfet du département, qui préside la distribution solennelle des prix. Parmi les élèves qui plus tard devaient se faire un nom dans les sciences, la politique, la magistrature ou les lettres, nous relevons les noms de : MM. Chaubard, Radoult-Lafosse, Dubruel, Leyniac, Bergognié, etc.

VII. — L'ECOLE SECONDAIRE (1802-1808).

L'année 1802 (an X) devait mettre fin à l'existence des Ecoles Centrales. Du reste, dans presque toute la France, comme à Agen, cette organisation n'avait que très-imparfaitement réussi. Le génie de Napoléon le comprit. La loi du 1er mai 1802 (11 floréal an X) les supprima sur tout le territoire français et établit tout un nouveau système d'enseignement. Il fut décidé que l'instruction publique par département serait répartie : 1° dans des Ecoles primaires, établies par les communes : 2° dans des Ecoles secondaires, établies par les communes ou tenues par des maîtres particuliers; 3° dans des Lycées

---

¹ M. de Vigué fils, a laissé la réputation d'un homme d'un esprit très fin et très distingué. D'une famille originaire d'Agen, il habitait les environs de S. Maurin. Son père, Pierre de Vigué, magistrat à Agen, construisit rue Porteneuve l'Evêché actuel : il vendit cette maison, en 1771, à M. de Laville père du comte de Lacépède, qui la céda plus tard à la famille de Narbonne. Membre fondateur de la Société académique d'Agen, M. de Vigué fils y lut successivement les ouvrages suivants: (1776) : *Abus de l'esprit philosophique. Mémoire sur la chaleur — Mémoire sur les météores.* — (1784) *Mémoire sur les causes et les effets de la musique.* — (1786) *Mémoire sur l'origine du préjugé qui flétrit la postérité des coupables. — Développement de la marche de l'esprit dans la recherche de la vérité. — Le chien voyageur* (fable). — (1787) *Promenade du soir* (romance). — (1788) *Epitre en vers ; — Développement de cet axiome : Ne fais pas aux autres ce que tu ne voudrais pas qu'on te fît : — Des inconvénients et des avantages attachés à l'étude du cœur humain. — (1789) Epitre en vers à M. de Lislefeme, président du musée de Bordeaux ; — Mémoire sur l'Electricité animale et particulièrement sur celle des chats ; — De la théorie chimique des engrais : — (1790) Mémoire sur l'art de faire du vin ;* et de nombreuses pièces de vers, etc., etc

et des écoles spéciales entretenus aux frais du trésor public. Il devait y avoir un lycée au moins par arrondissement de Tribunal d'appel, et, à mesure que les lycées seraient organisés, le gouvernement déterminerait celle des Ecoles Centrales qui devaient cesser leurs fonctions.

Le département de Lot-et-Garonne dépendit à ce moment du lycée qui fut créé à Bordeaux. Agen n'eut plus qu'une école secondaire et des écoles primaires. Nous n'entrerons pas dans tous les détails du règlement des écoles secondaires, qui ne devaient subsister que peu de temps. Disons seulement que, dans notre ville, l'école secondaire communale fut instituée dans l'ancienne maison du Refuge, à Sainte Quitterie, et dirigée par M. Lalaurencie, de 1805 à 1807, époque où M. Besançon créa, rue Constitutionnelle, une autre école secondaire indépendante. Parmi les instituteurs libres de cette époque, citons MM. Delmas, Delpech, Lannes, Proché et Rouby, pour l'étude des langues latine et française, M. l'abbé Peytra, qui ouvrit une école et un pensionnat dans la maison de feu M. Renaut, avocat, rue de la Liberté, n° 15, près la place de l'ancien collège, et entretenait pour toutes les branches de l'enseignement une dizaine de professeurs ; enfin, comme simples maîtres de pension : MM. Bartayrès, rue Roussannes, Boë, place Saint Caprais, et Laval, place Sainte Foy. En 1808, ce fut M. Delmas, qui prit la direction de l'Ecole secondaire d'Agen.

VIII.— LE COLLÈGE COMMUNAL ET LE LYCÉE.

Ces écoles secondaires ne fonctionnèrent que jusqu'en l'année 1808, époque où un décret impérial du 17 mars, les supprima. Napoléon voulant définitivement réglementer en France l'instruction publique, par trop livrée au hasard depuis la Révolution, et régulariser en même temps l'état de choses existant, créa l'Université Impériale, chargée exclusivement de l'enseignement public. « Il ne pouvait désormais être formée hors d'elle et sans l'autorisation de son chef aucune école ni établissement quelconque d'instruction. »

L'Université se composait d'autant d'Académies qu'il y avait de Cours
d'appel, et chaque Académie comprenait : les facultés, les lycées,
les collèges, les institutions, les pensionnats, les écoles primaires.

A Agen, le Collège, formé des débris de l'Ecole Centrale et de
l'Ecole secondaire communale, fut rétabli officiellement, et il fut
placé sous la dépendance de l'Académie de Cahors. Il eut, comme les
autres Collèges communaux de France, un bureau d'administration
chargé de dresser le budget des recettes et des dépenses arrêté en
Conseil de l'Université sur l'avis du Recteur. Quant à la nomination
des professeurs, elle était réservée en entier au Ministre. Notons une
singulière ordonnance dans ce premier règlement des Collèges de
France : Proviseurs, censeurs, principaux et professeurs devaient
être et rester célibataires. Pourquoi alors ne pas en donner exclusivement la direction aux ecclésiastiques ? Hâtons-nous de dire que
cet article bizarre ne fut jamais appliqué et qu'il tomba de suite en
complète désuétude.

Le décret de 1808 ne fut mis véritablement à exécution à Agen
que deux ans après, en 1810. Ce fut en effet l'époque où l'administration centrale du département s'installa dans l'hôtel de l'Evêché
et en délogea les professeurs. A cet effet, un décret impérial du
23 avril 1810 fut rendu, en vertu duquel, « le préfet du département de Lot-et-Garonne est autorisé à concéder gratuitement à la
ville d'Agen, en remplacement de l'Evêché de cette ville qui lui avait
été abandonné en l'an VI, pour l'indemniser de son Collège aliéné
au profit de l'Etat, l'ancien Couvent des Carmélites de cette ville, à
l'effet d'y rétablir son Collège. Les réparations de tout genre que
nécessitera cet établissement seront entièrement à la charge des
administrateurs du département, etc. [1]. Le Collège d'Agen changea
donc une troisième fois de place ; mais ce fut la dernière, car il est
resté depuis là où l'établit Napoléon. Le lieu était du reste bien
choisi. Situé au centre de la ville, il ne pouvoit, grâce à l'intelligence et à la supériorité de ses professeurs, que prospérer rapide-

---

[1] Archives Municipales GG. 211 — Voir aussi Archives départementales,
fonds moderne.

dement. Le local était immense, et déjà suffisamment aménagé pour sa nouvelle destination [1].

Le 18 novembre 1811, nous apprend Proché dans ses Annales de la ville d'Agen, fut célébrée en grande solennité l'inauguration du Collège communal d'Agen, dont la direction fut confiée à M. l'abbé Laurent Roche, le même que nous avons vu en 1788 professeur de théologie au Collège de l'Oratoire d'Agen [2]. « M. Paulin, recteur de l'Académie de Cahors, est venu présider à cette installation à laquelle ont assisté M. le Préfet, accompagné du Conseil de Préfecture, M. le Sous-Préfet, MM. les adjoints du maire, le conseil municipal et plusieurs autres fonctionnaires de tous les ordres. La messe du Saint-Esprit a été célébrée par M. l'Évêque. Ensuite M. le Préfet, M. le Recteur et M. le Principal ont prononcé chacun un discours. » Furent installés : MM. l'abbé Laurent Roche, principal ; Besançon le père, professeur pour la rhétorique ; Rives, pour la seconde d'humanités ; Planté, pour la première d'humanités ; Marielle, pour la seconde de grammaire ; Delpech, pour la première de grammaire ; Besançon le fils, pour la classe élémentaire ;

[1] Nous donnerons, lorsque nous nous occuperons dans ce même travail du Couvent des Carmélites, le plan détaillé de cet établissement, au moment de la Révolution, qui ne subit d'ailleurs que très peu de changements jusqu'à sa transformation définitive en lycée impérial. Nous décrirons également la chapelle, une des plus intéressantes de la ville.

[2] Nous demandons à M. Ad. Magen, le savant éditeur du manuscrit de Proché, la permission de reproduire ici l'intéressante note biographique qu'il consacre dans cette publication au nouveau directeur du Collège. « Nous avons eu, vers 1830, écrit-il à la page 133 des Annales de la ville d'Agen, étant élève de la pension Delmas, l'occasion de voir M. Roche, que ses élèves et ses anciens collaborateurs au Collège d'Agen appelaient toujours le *Père Roche* en souvenir de son titre périmé, mais non oublié, d'Oratorien. C'était un petit homme vif, propret, tout de noir vêtu, en habit et culottes courtes. Il ne lui manquait que des boucles aux souliers pour figurer un tabellion de comédie, comme on les voyait au dernier siècle. Son passage à Agen, dont il avait administré le Collège depuis le 18 novembre 1811, jour de l'inauguration, jusqu'à la fin de l'année scolaire 1821, fut une fête pour bien des familles qui l'avaient fort regretté. Il paraissait âgé d'environ soixante ans et était d'un abord facile et gracieux. »

Bartayrès [1], pour la première classe de mathématiques ; Cominal pour la seconde de mathématiques, et Mazac, comme maître d'études.

Deux ans après, le 29 août 1813, Napoléon signait à Dresde un décret impérial, érigeant en lycée le Collège d'Agen. Mais ce décret, qui, d'après Proché, « ne serait jamais parvenu à Agen », ne fut point exécuté. La composition du Collège était à peu près la même que lors de son inauguration : l'abbé Laurent Roche était toujours principal ; M. Besançon le père était passé sous-principal ; quant aux autres professeurs, en voici la liste : M. Boé avait été nommé professeur de philosophie ; Rives, de rhétorique ; Planté, de seconde année d'humanités ; Marielle, de première année ; Besançon fils, de seconde de grammaire ; Delmas, de première ; Delpech, de seconde élémentaire ; Rouby, de première ; Bartayrès et Cominal, de mathématiques ; Ducasse, de préparatoire. Étaient maîtres d'études : MM. Capdeville, Cahuac aîné, Systeray, Laporterie ; enfin Laffargue, maître d'écriture ; Honoré, de dessin ; Bosquet, Fourgous et Jalade de musique ; Cauboue, dit *Fleur d'orange*, d'escrime ; Bousquet, de danse ; Fonfrède, médecin ; Frayssinet, chirurgien, et Cruzel pharmacien.

---

[1] Le nom de Bartayrès éveille encore trop de souvenirs dans l'esprit de bien des Agenais qui liront ces lignes pour que nous ne rappelions pas ici sommairement ses titres et les principaux ouvrages qu'il a laissés. Né à Villeneuve-sur-Lot le 16 juillet 1773, mort à Agen, le 10 janvier 1857, il occupa la chaire de professeur de mathématiques et de physique au Collège d'Agen, depuis 1811 jusqu'à 1845. Membre de la Société d'Agriculture, Sciences et Arts d'Agen, il en devint le secrétaire perpétuel en 1832, année où il remplaça M. de Saint-Amans. Il a laissé de nombreux travaux, presque tous imprimés dans le Recueil de cette Société. Parmi les plus importants citons : l'*Éloge de M. de Saint-Amans* ; la *géognosie du département de Lot-et-Garonne* ; les *leçons de physique et de chimie appliquées aux arts et particulièrement à l'Agriculture, à l'usage des maisons d'éducation* ; la *météorologie agricole du département de Lot-et-Garonne* ; la *statistique agricole du même département*, etc, etc. (Voir l'article bibliographique que lui consacre M. Jules Andrieu, dans le tome 1er, page 48, de sa Bibliographie Agenaise.

Une scène grave se passa, en 1815, au Collège d'Agen. Laissons encore ici la parole à Proché, qui en fut témoin : « Le 17 mai 1815, nous dit-il, le Principal du Collège et tous les professeurs [1], assemblés devant M. Baudus, l'un des inspecteurs de l'Académie de Cahors qui était venu à Agen pour leur faire prêter serment de fidélité à l'Empereur, ont tous refusés de le faire. L'inspecteur leur ayant déclaré qu'ils ne pouvaient continuer leurs fonctions, ils se sont retirés. Les élèves, pensant que l'un des professeurs avait prêté le serment, l'ont accueilli par des huées, l'ont forcé à sortir et l'ont accompagné jusques sur la place du Palais, en le nommant et en criant : à bas ! à bas ! Les classes ont donc été fermées par le refus qu'avaient fait le Supérieur et les professeurs de prêter le serment. Cependant M. le Maire, à la prière des pères de familles qui voyaient avec peine que leurs enfants perdaient leur temps, a engagé l'Inspecteur à permettre provisoirement que les professeurs entrassent, jusqu'à ce qu'il eût fait son rapport au Recteur de l'Académie, ce qu'il a accordé sans peine. L'Inspecteur est parti le lendemain, et le Collège est resté fermé depuis le lundi 8 mai jusqu'au lundi 13 du même mois [2]. »

— Avec la Restauration régnèrent le calme et la tranquillité au Collège d'Agen. Nous n'entrerons pas ici dans les multiples détails de son organisation nouvelle ni de son administration. Ces renseignements tout modernes n'intéresseraient que médiocrement nos lecteurs. Disons seulement que les mêmes règlements, lois, décrets qui régirent tous les Collèges de France furent appliqués à celui de notre ville.

Quelques changements furent apportés, en 1817, dans la distribution et l'aménagement des nombreux bâtiments qu'avaient occupés jadis les Carmélites. M. Bourrière était l'architecte du Collège, et, dans son devis estimatif, on voit qu'il fut chargé de réunir dans

---

[1] C'étaient les mêmes qu'en 1813, sauf que M. Besançon n'était plus sous-principal, Boë, professeur de philosophie, et Cominal de mathématiques.

[2] Annales de la ville d'Agen, p. 195.

la grande cour d'entrée, où nous-mêmes les avons vues depuis, toutes les classes et les salles d'études ; de changer de place la cuisine et le réfectoire ; en un mot « de rendre le service plus commode, la surveillance plus active, et d'obtenir le bon ordre dans le pensionnat. » La ville d'Agen, du reste, n'hésita jamais à faire pour son Collège communal les sacrifices qu'elle jugea nécessaires.

Depuis 1811 jusqu'à l'année 1858, date de l'installation du Lycée, la direction du Collège changea huit fois de mains. M. Laurent Roche resta principal de 1811 à 1821. En 1822, M. Jourdan, inspecteur de l'Académie, le remplaça provisoirement. En 1823, furent nommés : principal du Collège, M. l'abbé Monziez, et sous-principal et aumônier M. l'abbé Estang. Ces deux respectables ecclésiastiques en conservèrent la direction jusqu'en 1830.

A cette époque M. Génin passa principal, et M. Perbosq, aumônier. Etaient professeurs : MM. Laurens, de philosophie ; Deleer, de rhétorique ; Dousset, de seconde ; Monziès, de troisième ; Delmas, de quatrième ; Rouby, de cinquième ; Labroille, de sixième ; Nicolas, de septième ; Bartayrès, de mathématiques et de physique : Rigaubert, maître d'études ; Laffargue, d'écriture ; Laffore, médecin ; Pons, médecin-adjoint ; Cruzel pharmacien. En 1835, M. Bonnesset fut adjoint à M. Génin, principal. Ce dernier resta à son poste jusqu'en 1836, époque où M. Brunie fut nommé à sa place. Il conserva la direction du Collège jusqu'en 1843, et il fut remplacé successivement par M. Leterrier de 1843 à 1849 et M. Rouge de 1849 à 1853.

En vertu de la loi du 15 mars 1850, le Collège d'Agen fut enlevé à l'Académie de Cahors, dont il dépendait depuis sa formation. Cette loi créait dans chaque département une Académie, administrée par un recteur, assisté d'un ou plusieurs inspecteurs et sous la surveillance d'un Conseil Académique. M. Lepescheux fut le premier recteur de l'Académie d'Agen. Il remplit ces fonctions jusqu'en 1855, époque où le Collège d'Agen passa sous la dépendance de l'Académie de Bordeaux, qui, seule, eut un recteur à sa tête. Le poste de recteur, à Agen, fut alors remplacé par celui d'Inspecteur Académique. M. Lepescheux en resta titulaire. En même temps, en 1854, M. Vieules avait remplacé M. Rouge à la tête du Collège. Ce fut le dernier principal du Collège d'Agen.

— Un nouveau décret Impérial, plus heureux que celui de 1813, érigea également cette année-là, et à quarante-et-un ans d'intervalle, le Collège d'Agen en Lycée. Une loi fut aussitôt votée, la même année, le 30 mai, autorisant la Ville d'Agen à emprunter la somme de 450.000 fr. pour la construction de son lycée. L'emplacement resta le même, sauf qu'il fut entièrement modifié et considérablement agrandi. Alors disparurent peu à peu ces vieilles masures, jaunies par le temps ; ces cloîtres vastes et pittoresques, jadis lieu de méditation des filles du Carmel, maintenant tout bruyants des joyeux rires des écoliers en récréation ; ces grands platanes aussi, dont l'ombre pâle et séculaire avait abrité tant de jeunes générations agenaises.

L'ouverture du Lycée impérial d'Agen eut lieu le 8 novembre 1858. Le plan des études comportait, comme pour les autres lycées de l'empire, les matières exigées pour les baccalauréats ès-lettres et ès-sciences, et la préparation aux diverses écoles spéciales du gouvernement. Les langues anglaise et allemande devenaient obligatoires dans les classes supérieures. Le lycée recevait en outre des boursiers impériaux et départementaux, des pensionnaires, des demi-pensionnaires et des externes libres et surveillés. En même temps le gouvernement envoyait au lycée d'Agen l'élite de la dernière promotion, sortie soit de l'École Normale, soit de l'école d'Athènes. Citons, entre autres, les noms de M. de Treverret, professeur de rhétorique, aujourd'hui l'éminent professeur de littérature étrangère à la Faculté des lettres de Bordeaux, et de M. Thenon, professeur de seconde, qui devait bientôt après quitter l'Université pour entrer dans les Ordres, fonder un externat, et mourir, jeune encore, à l'École des Carmes de Paris, où ses hautes qualités de littérateur et d'érudit l'avaient désigné au poste de Directeur.

Voici du reste la liste complète de Messieurs les professeurs et administrateurs du Lycée d'Agen, l'année de sa fondation : MM. Ferrus, proviseur ; Schmitt, surveillant général ; Gillard, aumônier ; Vincent, économe ; Bousquet, premier commis d'économat. Puis MM. Durrande, Stouff et Soldat, professeurs de mathématiques pures et appliquées ; Galtier et Gernez, de sciences physiques, chimiques et naturelles ; Durrande, de travaux graphi-

ques ; Favier, de dessin ; Picou, de logique et de philosophie ;
Jacoulet, d'histoire et de géographie ; de Treverret, de rhétorique ;
Thenon, de seconde ; Richenet, de troisième ; Bosseux, de quatrième ; Mott, de cinquième ; Malvoisin, de sixième ; Thommerel,
d'anglais ; Fortwingler, d'allemand ; Maigne de Sarrazac, de septième ; Douzal, de huitième ; Vilatte et Belot, des classes prépara-
toires au commerce et à l'industrie ; Marfan, de la préparatoire
élémentaire ; Labatut, de chant. Le nombre des élèves s'accrut
considérablement depuis cette époque jusqu'à nos jours. Il est actuellement de 430, dont 295 externes et demi-pensionnaires.

Dès l'année qui suivit son inauguration (1859), M. Perrus fut
remplacé à la tête du Lycée d'Agen par M. Catusse, esprit éminem-
ment pratique et distingué, qui en a conservé la direction, comme
proviseur, jusqu'en 1870. Vers la même époque, à l'Inspection Académique, M. Lepescheux était remplacé, en 1864, par M. Giselard, et
successivement par MM. Haillecourt (1865), Crosson (1865-69),
Dussouy (1869-73), Pécout (1879-85), et Audray (1885-88).

Les derniers proviseurs du Lycée d'Agen ont été MM. Em. Moulin
(1871-76), Alph. Rousselot (1876-81), Condé (1881-82), Bretagne
(1882-83), Grandseigne d'Hauterive (1883-86) et Néret, qui est
actuellement à la tête de notre établissement départemental d'instruction secondaire.

PIÈCES JUSTIFICATIVES

I.

CONTRAT DE FONDATION

DU COLLÉGE D'AGEN PASSÉ ENTRE LES HABITANTS DE CETTE VILLE

ET LES PÈRES JÉSUITES.

(Du 21 Juillet 1591[1].)

« Au nom de la Sainte et Glorieuse Trinité, et sous l'invocation des glorieux saints patrons de la ville d'Agen, saint Etienne et saint Caprasy, régnant en France Jésus-Christ, et estant lieutenant-général de l'Estat très haut et puissant prince Charles de Lorraine, duc de Mayenne, cejourd'huy vingt-troisième jour du mois de juillet, mil cinq cens quatre vingt onze, après midy, en l'hotel épiscopal de la ville et cité d'Agen, par devant Nous, notaires royaulx et secrétaires de Messieurs les Consuls de la ville d'Agen, et en présence des témoins bas nommés, ont été présens et constitués en leurs personnes : Révérend Père en Dieu Messire Nicolas de Villars, évèque et comte d'Agen, vénérables personnes Messires Maîtres Simon Vallery, Julles de Nort, Helias de Rebeyrenq et Bernard Barthe, chanoines depputés pour les chapitres desdites églises Saint-Etienne et Saint Caprasy, pour passer le contrat, suivant les procurations à eux faittes, qui seront cy-bas incérées, et Messire Maître Florimond de Redon, lieutenant principal, comme procureur de très haulte et puissante princesse Marguerite, reyne de Navarre, comtesse d'Agenois, à laquelle en tant que de besoing promet faire ratifier le présent contrat; MM. MM^{es} Jehan Camus, licentié ès droits et avocat, Sixte Arnauld Albinhiac, Crespin Trinque, Jean et Pierre Mathieu, marchands, et Maître Jehan Cayrou, aussi licentié ès droits et avocat, Consuls de ladite ville, où étaient présens Messieurs Maîtres Jehan Dorly, président et juge mage, François de Courtète, juge et magistrat criminel, Arnauld Delpech, procureurs du Roy en la Cour présidiale de la pré-

---

[1] Archives départementales de Lot-et-Garonne. D. 1.

sente sénéchaussée, Maîtres Michel Boissonnade, Jehan de Lescazes, Laurent Loubatery et Jacques Loubatery et Jacques Langelié, jurats d'icelle, à ce députés en l'assemblée générale tenue en la maison de Ville, le cinquième du présent mois de juillet d'une part; et Révérend Père Clément Dupuy, provincial de la Compagnie de Jésus en Guyenne, assisté du Père Jehan Goutery, recteur d'icelle, Père Denis Capia et Père Edouard Mole, prêtres de ladite Compagnie, pour passer le contrat de la fondation et érection du Collège de ladite Compagnie en la présente ville d'Agen; lesquels ont dit et déclaré que ceux de ladite ville et pays d'Agenois depuis plusieurs années avaient souvent désiré et pourchassé ledit collège et compagnie. Considérant d'un côté que le plus grand bien qui puisse avenir à un pays, ville et République, et le principal moyen de la mettre en repos et assurance à l'avenir, est la bonne, sainte et diligente instruction de la jeunesse en la piété et crainte de Dieu et bonnes mœurs, principalement en ce tems auquel sont glissées les erreurs et hérésies, nommément en ce royaume de France et sur toutes les provinces d'icelui en cette Guyenne, qui auroit été de longue main plus gâtée et infectée de cette contagion que les autres, dont seroit à craindre que les tendres esprits de la jeunesse ne vinssent peu à peu à y recevoir et humer le venin, eu égard au danger auquel souvent elle est exposée d'être instruite par maîtres et pédagogues hérétiques, qui par feintise et hypocrisie, empruntant le nom de catholiques, la trompent secretement de leur méchante doctrine; et voyant de l'autre côté la fidélité, suffisance et bon devoir de ceux de la Compagnie de Jésus en l'instruction de la jeunesse, tant en la religion catholique, piété, bonnes mœurs qu'en la doctrine et étude des lettres, comme l'expérience leur a fait voir et apprendre en plusieurs villes de ce royaume où ils ont Collège, pour tant auroient déjà de longtemps pensé et délibéré de les appeller en cette ville capitale du pays d'Agenois, pour leur dresser et fonder un Collège;—à cette fin ici, auroit été fait Assemblée et Délibération générale, tenue au présent hôtel épiscopal en l'année 1582; et pour cet effet, en l'année suivante 1583, auroit été acheté la maison de *La Cassagne*, moyennant la somme de 7,000 fr. octroyée par le Roy sur certains deniers que lui reviennent, et depuis, en l'année 1584, ladite dame Reyne de Navarre y aurait fondé pour l'entretenement dudit Collège la rente annuelle de 500 fr., rachetable pour la somme de 2000 écus, voulu et ordonné qu'en attendant l'exercice dudit Collège, ladite rente annuelle fut employée aux réparations dudit Collège, et outre ce pour le commencement du bâtiment de l'église dudit Collège, aurait baillé et délivré de deniers laissés ez mains de Révérend Père en Dieu Janus de Frégosse, évêque d'Agen, la somme de quatre cens écus sols, partie de laquelle somme y aurait été employée, comme aussi le revenu d'une année de ladite rente, pour acheter la maison des hoirs de feu Raymond Delrieu, que faisait le coin de l'église, laquelle auroit été fondée et les bâtimens élevés tels qu'on voit à présent, mais à cause des troubles et continuelles guerres, on n'aurait pu fournir ce qui restait nécessaire pour l'accomplissement de la fondation, au moyen de quoi l'érection dudit Collège aurait été différée, parce que ceux de ladite Compagnie de Jésus n'auraient voulu entrer audit Collège qu'ils n'y vissent une dotation et fondation assurée et suffisante, et jusqu'à ce que la venue de mond. seigneur Messire Nicolas de Villars, Évêque d'Agen, aurait été sur le commencement du mois de novembre 1590, appelée le Révérend Père Clément Dupuis, provincial de la susdite Compagnie, et auraient été proposés et dressés certains articles desquels la dernière et entière résolution et estimation aurait été différée jusqu'à présent.

A cette cause, l'an et le jour susdits, ont été accordés et arrêtés les articles ci-inscrits, entre ledit sieur de Redon, procureur de ladite dame Reyne et sieurs fondateurs et ledit Père Dupuy, provincial, faisant tant pour lui que pour son général, duquel il a charge expresse qui sera ci bas inscrite :

1° Que le Collège sera régi et gouverné par ceux de ladite Compagnie de Jésus, selon la forme des autres Collèges qu'ils ont par le royaume de France, et selon les mêmes règles et disciplines qu'ils gardent les écoliers, pour le regard de laquelle MM. les Consuls de ladite ville seront tenus leur prêter main forte quand ils seront requis et sera besoing ;

2° Seront tenus lesdits de la Compagnie de Jésus entretenir six régens en six classes diverses, à sçavoir : cinq en humanité tant en grammaire que rhétorique, esquelles sera enseignée la langue grecque et latyne, et le sixiesme logique et philozophie, pour rendre capables les escolliers de prendre le degré de maîtres ez artz ;

3° Ne seront toutefois tenus lesditz de la Compagnie de Jésus apprendre à lyre en latin ou françoys, mais recevront à la dernière classe ceux seulement qui sauront lyre et escrire ; et pour ceste occasion, sera choisy près du Collège quelque lieu pour y faire enseigner à lire par un maître à ce député et gaigé par lesdits sieurs Consuls. Sy bon leur semble, pourront toutefoys lesdicts enfants assister à la messe avec les autres escolliers et s'offrent volontairement lesdietz de la Compagnie de Jésus les confesser tous les moys, comme les autres escolliers, les visiter et catéchiser en leurs escolles, sans autrement en prendre charge et gouvernement.

4° Et, pour l'entretien de ceux de la Compagnie de Jésus, en premier lieu, ladite dame Reine et les susdits sieurs fondateurs dotent et fondent ledit Collège de rente annuelle de mille écus faisant 3,000 livres complant, vingt sous pour livre, en la façon et manière qui ensuit :

Sçavoir : 1° Ladite *Dame Reine de Navarre*, suivant le don fait par elle en ladite année 1584, et confirmé en l'année 1590, donne à perpétuité la susdite somme de 500 livres par an, payable à deux termes, à savoir de la Saint-Jean et de Noël, chaque terme la moitié, à commencer le premier payement à la fête de Noël dernier, rachetable ladite rente pour 2,000 écus, suivant les états dudit don.

2. Item, ledit *sieur Evêque* pour soi et ses successeurs donne à perpetuité audit collège la pension annuelle de deux cens trente trois escus et tiers, revenant à 700 livres payables à deux termes, à sçavoir à la Toussaint et à Pâques, à chaque terme la moitié; et pour plus grande assurance de ladite pension et rente, promet ledit sieur Evêque de faire ratifier par N. S. Père et homologuer en la Cour du parlement; luy sera toutefois libre se décharger de ladite pension lors et quand il pourra donner ailleurs eu un benefice, tel que se puisse unir au Collége, ou autrement laditte rente quitte et nette de toutes charges.

3. Item, lesdits *sieurs des chapitres de Saint-Etienne et Saint-Caprasi* pour les prébendes préceptoriales que par arrêt de la Cour de Parlement de Bordeaux auraient été condamnés ci-devant bailler aux écoles de cette ville, ont donné et donnent audit Collége, la somme de cent soixante-six écus deux tiers, revenant à 500 livres et à la part du chapitre Saint-Etienne, la somme de 210 livres tournois et à la part dudit chapitre Saint-Caprais, la somme de 200 livres, payable le tout à deux termes, à savoir de Pâques et de la Toussaint, à chaque terme la moitié quitte et nette de toutes charges, non jouissance et cas fortuit; laquelle pension du consentement desdits sieurs consuls est transférée des Ecoles audit collège de la Compagnie de Jésus; et moyennant ce, lesdits chapitres demeurent quittes et déchargés de toutes obligations, pour raison desdites prébendes ci-devant faites et par exprés du contenu en la transaction faite entre lesdits sieurs desdits chapitres et consuls, en l'année 1583, retenue par Rabanel et de Durand, notaires, laquelle par ces présentes demeure pour cancellée et de nul effet, sans que les parties s'en puissent aider, laquelle pension, lesdits sieurs chapitres pourront étendre et amortir toutefois et quantes qu'ils pourront donner ailleurs un bénéfice qui se puisse unir audit Collége, ou autrement ladite rente assurée en fonds, quitte et nette de toutes charges.

4. Item, lesdits *Consuls et Communauté de ladite ville* donnent annuellement et à perpétuité, tant pour eux que leurs successeurs, la somme de 400 écus sols faisant 1,200 livres, payables aussi à deux termes de la saint Jean et de la Noël, à chaque terme la moitié; à commencer du jour de la saint Jean dernier, pour assurance de laquelle somme ils obligent et hypothequent tous et chacuns les biens, revenus et émolumens de ladite ville, communauté d'icelle, sauf à ladite ville en tems opportun de pouvoir faire intervenir ledit pays d'Agenois, et autrement se pourvoir devant le Roi que Dieu nous donnera, pour l'assignation de ladite rente de 1,200 livres sur autre nature de deniers en fonds de bien à ce revenant, en quelque manière que ce soit, à la décharge de ladite ville, pourvu toutefois que ledit revenu soit assuré audit Collège.

Et d'autant que les troubles présens apportent beaucoup de frais et dépenses extraordinaires à ladite ville et pays, surseoira le payement de 500 livres desdites 1,200 livres pendant trois ans seulement, pendant lequel tems ne seront obligés ceux dudit Collège de lire en la classe de philosophie.

Donnent davantage lesdits consuls la portion du bourriage, légué audit collège par feu d'Anglars et en récompense et décharge de la vigne et pierrière achetée des Augustins au lieu appelé *Al Tap fondut*, la somme de 100 livres pour employer en fonds de terre; et là tout, tant bourriage que terre achetée, desdites cent livres, lesdits du collège prennent pour la rente de cent livres pour le parfait du revenu annuel de 3,000 livres ; permission toutefois est faite auxdits du collège par lesdits sieurs consuls de prendre tant de pierres que leur sera besoin et nécessaire en ladite pierrière.

Et cas advenant que ceux de ladite compagnie par leur industrie ou bienfait d'autrui augmentent leur revenu en quelque façon que ce soit, ne laisseront pourtant lesdits sieurs fondateurs leur payer entièrement ce que dessus, à quoi manquant, pourront être contraints par toutes voyes dues et raisonnables.

5. En second lieu, donnent ladite dame Reine de Navarre et autres fondateurs audits de la Compagnie de Jésus le Collège qui est à present assis en la rue du Grand Horloge, avec toutes les appartenances, cours, jardins, maisons, classes et autres dépendances, qui s'y trouveront de present ou à l'avenir appartenir ou devoir appartenir, pour y habiter et faire leurs demeures et accomoder à leur façon, aussi les meubles autres dudit Collège qui auraient été laissés par *Madame de Lisse*, qui étaient en deux batants de la maison de ville, selon l'inventaire que leur en ai baillé.

6. Pour autant qu'il faudra faire de grandes réparations audit logis, acheter des maisons, pierres et bois pour la perfection du collège, achever le batiment commencé de l'église, meubler le collège de diverses sortes de meubles, pour lesquelles choses il conviendra entrer en grands frais et dépens, lesdits sieurs consuls leur donnent la somme de 3,000 écus, faisant neuf mille livres payables, à sçavoir ce jourd'hui, date des présentes, prise de possession et entrée dudit collège, la somme de mille écus, laquelle somme de mille écus ledit Père Dupuis provincial, et autres des susdits de ladite Compagnie de Jésus ont reçue réellement en écus, pistoles, pistolets, pièces de vingt sols, en bons réaux et autre bonne monnaie courante, comptée et nombrée par devant nous dits notaires et témoins à ce, compris toutes quittances et reçus particuliers faits par ledit Père Mole, par avance depuis le mois de novembre, dernier compte fait présentement, de laquelle somme de mille écus lesdits de la Compagnie de Jésus se sont contentés et accordé que les 2,000 écus restants se payeront dans quatre années prochaines, savoir à la fin de chaque année, à compter de ce jourd'hui la somme de 500 écus jusques à fin de paie de ladite somme de 2,000 écus ;

toutefois entrera tout ce qui se pourra retirer tant de ce qui reste du don ci-devant fait par le Roi pour l'achat de la maison du collège, que le reste des arrérages accordés par ladite dame reine de Navarre, depuis le don fait par Sa Majesté de 500 livres par an jusques à l'année présente, commençant à la fête de Noël dernier inclusivement; aussi y entrera les 400 écus donnés par ledit sieur de Frégosse, du reste des 400 écus donnés par ladite dame Reine pour le bâtiment de l'Église du collège, et les dettes de Valade Duval, et tous autres dettes et actions qui se trouveront jusqu'à présent appartenir audit collège; et au cas que desdits droits et actions susdits, se puisse retirer plus grande somme que de 3,000 écus revenant auxdits sieurs consuls, ladite somme revenus sera mise à profit pour subvenir à la décharge de la ville de la promesse annuelle ci-dessus faite de la rente de 400 écus.

7. Finalement, en faveur dudit collège, lesdits sieurs fondateurs et particulièrement lesdits sieurs consuls, tant pour eux que pour leurs successeurs, déclarent ceux dudit collège être à perpétuité francs, quittes et déchargés de toutes tailles, emprunts, subsides, entrées de ville, contributions de rivière, ports, péages, sentinelles, manœuvres, gardes de portes, logis et autres charges ordinaires et extraordinaires, venant de leur pouvoir, eux, leurs personnes, leurs biens et maisons, tant dedans que dehors, et par le présent contrat leur sont délaissés, en gardant toutefois par eux au surplus, les privilèges et coutumes de ladite ville, comme font les autres habitants d'icelle.

Et outre à d'autres maisons et jardins qu'ils pourront par ci-après acheter, joignant du collège, étant entre les autres, l'une faisant le coin de l'église dudit collège jusques à une autre ruelle faisant canton à la maison de M. Sevin, ensemble d'une maison et jardin qu'ils pourront acheter hors de la ville et de vingt dignades de vigne.

8. Et moyennant ce que dessus, lesdits de la Compagnie de Jésus promettent gratuitement faire et accomplir les charges que dessus, et jamais ne rien demander plus à ladite ville et sieurs fondateurs, et davantage s'offrent librement et de leur plein gré d'aider le peuple selon leur pouvoir par prédications, catéchismes, confessions, visitations des malades et autres œuvres de charité, comme ils font ailleurs, et reconnaissent à perpétuité ladite dame Reine et sieurs que dessus comme fondateurs dudit collège, faisant en leur endroit le devoir de reconnaissance, prières et suffrages que portent leurs Constitutions; entendant toutefois attribuer le bâtiment de l'église dudit collège, selon la description qu'ils mettront sur le grand portail d'icelle, à ladite dame Reine attendu que ledit bâtiment a été commencé selon son intention et des moyens qu'elle a fournis et fournit; et néanmoins sur la grande porte dudit collège sera gravée la fondation dudit collège, sous le nom de ladite dame Reine et sieurs fondateurs.

9. Tout ce que dessus lesdites parties ont respectivement stipulé et ac-

cepté, chacun pour son regard, et en ce qui le concerne, promis et juré en nos présences, d'entretenir tant pour eux que leurs successeurs, et ne venir jamais au contraire sans obligation de leurs biens présens et avenir, sçavoir : *ledit sieur de Bedon*, audit nom de procureur de ladite dame Reine de Navarre, de tous et chacuns les biens d'icelle dame présens et avenir sans dérogation ni novation de l'hypothèque contractée en vertu du susdit don fait par ladite dame et confirmation d'icelui ; — le sieur *Evêque d'Agen*, tant les biens et revenus de son Evêché que du sien propre ; au cas que le susdit don par lui fait ne soit ratifié par N. S. Père et homologué par la Cour du Parlement ou qu'il ne puisse unir audit collège bénéfice tel que puisse être uni à icelui ; ou autrement ladite rente par lui promise quitte et nette de toutes charges comme dessus est dit ; — lesdits sieurs *députés desdits deux chapitres Saint-Etienne et Saint-Caprais*, tous les biens et revenus desdits chapitres ; — lesdits *sieurs Consuls*, particulièrement auxdites fins ont obligé et hypothéqué comme dessus tous et chacuns les biens et revenus de ladite ville et communauté, sous telle réservation que dessus d'y pouvoir faire intervenir ledit pays d'Agenois et autrement se pourvoir par le Roi pour le soulagement de ladite ville et par l'assignation de ladite rente par eux promise sur autre nature de deniers ou fonds de biens assurés audit collège ; — et ledit *sieur Dupuy*, provincial, tant pour lui que ses successeurs a obligé pour l'entretenement que dessus tous les biens et revenus dudit collège ; lesquelsdits biens et revenus ci-dessus obligés ont respectivement lesdites parties soumis et soumettent aux rigueurs et contraintes de toutes les Cours du présent royaume de France, par lesquelles ils ont voulu et consenti être contraints et compellés, et par toutes autres voies que de raison, renonçant à toutes impétrations de lettres royaux et autres exceptions à ce contraires, tant de fait que de droit ; et ainsi l'ont promis et juré moyennant serment, et de tout ce dessus ont icelles parties requis à nous dits notaires instrument pour leur servir et à leurs successeurs, que leur avons concédé en présence de Maîtres *Pierre Pourcharesse*, bourgeois ; *Jean Vaylet*, greffier criminel et *Bernard Lascombes*, procureur au siège de la présente ville d'Agen ; et nous ainsi signés à l'original : *Nicolas*, Evêque d'Agen ; *Simon Vallery*, député du chapitre Saint-Etienne : *De Nort*, député du chapitre Saint-Etienne ; *Ribeyreuq*, député pour Saint-Caprais ; *Barthe*, député du chapitre Saint-Caprais ; *Clément Dupuy*, provincial de la Compagnie de Jésus ; *Dorty*, juge mage ; *Courtète*, juge criminel : *de Bedon*, lieutenant principal et procureur ; *Delpech*, procureur du roi ; *Camus*, consul : *Albinhial*, consul ; *Trinque*, consul ; *Mathieu*, consul ; *Cayron*, consul ; *Boissonnade*, jurat ; *de Lescazes*, jurat ; *Lagarde*, juge et assesseur ; *Loubatery*, jurat ; *Langellier*, jurat ; *Pourcharesses*, jurat présent ; *Carayolle*, jurat et promoteur ; *Vaylet*, témoin ; *Lacrampe*, présent, et Nous *De Durand*, notaire royal et *Durand*, notaire royal.

A la suite se tiennent les *procurations* des deux chapitres, la *ratification* et la *procuration* de la Reine *Marguerite*.

II.

FONDATION DE PRIX

AU COLLÈGE D'AGEN, PAR LE CHANOINE THÉOLOGAL PIERRE SAUVEUR.

(21 septembre 1636[1].)

« Sachent tous présents et advenir que dans la ville et cité d'Agen, Collège des Révérends Pères Jésuites de la Compagnie du nom de Jésus, ce jourd'huy vingt-unième du mois de décembre mil six cent trente-six avant midy, reignant notre souverain prince Louis, par la grâce de Dieu, roy de France et de Navarre, par devant moy notaire royal de la ville, soussigné, présents les témoins bas nommés, a été presant et constitué en sa personne MM. Pierre Saulveur, chanoine théologal en l'église Cathédrale St-Etienne de la présente ville, lequel de son bon gré pure et franche volonté a donné et par ces présentes donne audit collège desdits Pères Jesuites de ladite présente ville et leurs successeurs la somme de quatorze cent quarante livres, pour icelle somme être mise en fonds solvable en et telle personne assurée qu'ils aviseront, pour en retirer la rente annuellement qui est quatre vingt dix livres par an, et icelles être converties à l'achat et distribution des livres de prix pour les cinq classes, suivant leur ordre accoutumé ez autres collèges, et ce chacun ou avec une action publique de tragédie ou autres, ou pour le moins cella ne se pouvant commodément faire, il y aura quelque déclamation solennelle avec autres solennités que lesdits Pères aviseront; lesquels livres de prix seront marqués des armes et devises dudit sieur Saulveur; laquelle susdite donation ledit sieur de Saulveur affecte audit collège ez personnes des Révérends Pères Fronton Gadault et Antoine Petit, recteur et syndic dudit collège, presant et acceptant, et suivant l'avis de Messieurs maîtres Gerand de Leccazes et Bernard de Faure, avocats en la Cour de Parlement de Bordeaux, leur conseil ordinaire, auxquels ils ont communiqué, ce dessus ont agréé et accepté, tant pour eux que leur collège et successeur à l'avenir et promis d'effectuer la volonté dicelluy sieur Saulveur de point en point, suivant la forme prescrite, et à ces fins lesdits Révérends Pères recteur et sindic ont présentement reçu ladite somme de quatorze cent quarante livres en doubles et simples pistolles du coing

----

[1] Archives Municipales d'Agen. GG. 214.

d'Espagne, écus au soleil, le tout d'or et de prix, et autre bonne monnoye
contée et nombrée, dont s'en sont contentés et promettent icelle{dite somme
mettre en fond solvable ou à telle personne qu'ils aviseront selon le droit
aux fins d'en retirer la rente annuellement pour être employée auxdits prix
suivant la volonté d'icelluy sieur Saulveur. Réservé néanmoins ce qui s'en
suit, qui est de payer eux-mêmes la rente de ladite principale somme jusques à ce qu'après l'avoir employée aux nécessités dudit collège, comme ils
désirent l'y employer au plutôt, ils la puissent mettre en rente, aux fins que
dit est, et a ledit sieur Saulveur prié Messieurs les consuls de ladite présente ville en la personne dudit sieur de Lescazes, à présent premier consul tenir la main après son décès à l'exécution du présent contrat, promettent aussi lesdits Reverends Pères Recteur et syndic faire ratiffier ce dessus
à leur Révérend Père Provincial dudit ordre en la présante province dans un
mois prochain, le tout néanmoins sans que le contenu au présent contract
a être augmenté ni diminué rien des droits qui sont entre les parties pour
autres affaires, et pour tout ce dessus faire et entretenir, lesdits Révérends
Pères Recteurs et sindic ont obligé les biens et revenus dudit collège, et
ainsy l'ont promis et juré.

Fait et passé oz présance desdits Sieurs Lescazes et de Faure avocats,
André Blanchard et Antoine Cabos clerc dudit Agen, qui ont signé à l'original avec les parties et moy ainsi signé: Dufour, notaire royal.

III.

CONTRAT

RELATIF AU REMPLACEMENT DES PÈRES JÉSUITES PAR LES R. P. DOMINICAINS ,
POUR LE COLLÈGE D'AGEN.

(Du 18 Septembre 1762 [1]).

« Dans le Palais épiscopal de la ville et cité d'Agen et sous le reigne de
notre souverain Prince Louis quinsième, roy de France et de Navarre,
cejourd'huy dixhuitième du mois de septembre mil sept cent soixante deux,
par devant le conseiller du Roy, secrétaire greffier de la ville et juridiction
d'Agen et en présence des témoins bas nommés ; ont été presens et constitués eux leurs personnes : Monseigneur l'illustrissime et reverendissime

---

[1] Archives Municipales GG. 214. Archives de l'Evêché. F. 69.

Joseph Gaspar Gilbert de Chabannes, évêque et comte d'Agen, Messieurs maîtres Philippe Buard, Claude Caprais Barbier, François Michel de Lamothe Vedel, et Alexis Rozier, chanoines députés par les chapitres des églises S. Etienne et S. Caprais, dans les assemblées des trois ordres, tenues en l'hôtel de ville les vingt août et troisième septembre de la présente année, Messire Sébastien Redon des Fosses, écuyer, Messieurs François Mazet, Jérôme Malebaysse bourgeois, Bernard Dayries, procureur, Raymond Lamothe, avocat en parlement et Joseph Marcot, consuls de ladite ville, où étaient présens Messieurs maîtres Jean Baptiste de Laboissière, lieutenant principal au siège presidial de la présente ville, Léonard Daubas, Louis Dulcide Costas conseiller, et Clément Bernard Boudon, procureur du Roy en la senéchaussée et siège présidial de ladite ville, Messieurs maîtres François Daribau, lieutenant principal en l'élection, Jean Bory, avocat au parlement, Georges Benaud, aussi avocat au parlement, et noble Armand Joseph Ganet de Sevin, écuyer, jurats de ladite ville, tous députés par les assemblées générales des trois ordres d'une part ;

Et le Très Révérend Père Raymond Garralon, docteur en théologie, provincial de la province occitaine de l'ordre des Frères-Prêcheurs, assisté des Révérends Pères Alexis Fauché, docteur en théologie, Jean Thomas Danglade aussi docteur en théologie, prieur du Couvent des Pères Dominicains de cette ville, Bertrand Verdier, docteur en théologie, Jean Dominique Gardès, bachelier en théologie, prieur du Couvent du Port-Sainte-Marie, Jean Thomas Sarlat, professeur de théologie, Sébastien Ferchon, aussi professeur de théologie, Jean Rigal et Jean Dominique Duval, professeur de philosophie au Couvent desdits Frères-Prêcheurs de la présente ville, les tous composant le Conseil dudit Révérend Père provincial, d'autre part.

Entre lesquelles parties a été dit que la régie et administration du Collège de cette ville aurait été confiée, par contrat du vingt-trois du mois de juillet mil cinq cent quatre-vingt-onze, aux ci-devant soi-disant Jésuites, lesquels y auraient toujours depuis résidé jusques à la présente année ; mais, par arrêt de la souveraine cour de parlement du 26 may dernier, le régime, institut et constitutions de ladite société soi-disant de Jésus ayant été dissous et supprimé, il aurait été ordonné qu'à compter du jour de la signification dudit arrêt jusques au 1er août suivant, les soi-disants Jésuites, existans dans le ressort de la Cour, vuideront toutes et chacuns les maisons qu'ils y occupaient, maisons professes, noviciats, collèges, pensionnats, et généralement toutes autres maisons soit à titre de résidence ou de mission, soit dans les villes ou dans la campagne, pour se retirer en tel lieu qu'ils aviseraient dans le royaume, pour y vivre clairicalement sous l'autorité des ordinaires, l'inspection des loix et le droit commun de la nation; et désirant ladite Cour pourvoir à l'éducation de la jeunesse, elle aurait ordonné par le même arrêt qu'à compter du jour de la signification d'iceluy jusques audit jour premier août, les maires et échevins du ressort de ladite Cour, les officiers de bailliage et autres siéges, ensemble l'Université de Bordeaux, seraient tenus d'envoyer à M. le procureur général du Roy, chacun séparément leurs mémoires, contenant ce qu'ils estimeraient convenables à ce sujet, comme aussi les moyens les plus propres à pourvoir au remplacement des régents et professeurs dans les colléges ci-devant tenus par les soi-disants Jésuites, pour ce fait ou à faute de ce faire être par la Cour, chambres assemblée, ordonné sur les conclusions de M. le procureur général du Roy ce qu'il appartiendrait.

En exécution dudit arrêt, les officiers du Sénéchal et les officiers municipaux de la présente ville, ayant donné respectivement leurs mémoires, il aurait été rendu un second arrêt, le 6 du mois d'août dernier, qui vu lesdits mémoires et sur l'avis du seigneur évêque et comte d'Agen, aurait ordonné qu'il serait incessamment et sans délai tenu dans ladite ville d'Agen, aux formes y usitées, une assemblée générale des Trois Ordres, laquelle ladite Cour aurait autorisé à passer avec les religieux Dominicains pour le remplacement dudit collége tels accords, traités et concordats qu'elle jugerait les plus convenables et les plus avantageux pour l'instruction de la jeunesse, pour lesdits accords envoyés à M. le procureur général du Roy et à ladite Cour communiqués être sous le bon plaisir du Roy homologués en icelle ainsi qu'il appartiendrait.

En conséquence de ce dernier arrêt, il aurait été tenu dans l'Hôtel-de-Ville une première assemblée générale des Trois Ordres, le vingtième du même mois d'août, où chaque corps aurait nommé des commissaires pour dresser conjointement un projet desdits accords et dans le tems que lesdits sieurs commissaires nommés procédaient à ladite opération, il aurait été rendu un troisième arrêt, le 3 du présent mois de septembre, par lequel la Cour de Parlement, désirant que rien ne peut retarder l'instruction publique dans ladite ville d'Agen, et empecher que l'ouverture des classes n'y fut faite au temps accoutumé, aurait ordonné que ledit arrêt du 6 août dernier serait exécuté suivant sa forme et teneur, et néanmoins par provision, et sans le bon plaisir de Sa Majesté, aurait ordonné qu'incontinent lesdits accords passés avec lesdits religieux Dominicains, lesdits religieux seront mis par les officiers du sénéchal (commis à l'éxécution du susdit arrêt du 26 may dernier) en possession du College de ladite ville d'Agen, pour l'ouverture des classes y être faite au tems ordinaire de laquelle mise en possession serait par lesdits officiers dressé procés-verbal qui serait envoyé au greffe de la Cour de parlement sans préjudice de l'apport à ycelle desdits accords ou traités à l'effet de l'homologation susdite, sauf en outre à être ledit seigneur Roy supplié de vouloir bien faire expédier toutes lettres patentes nécessaires pour la confirmation et établissement desdits Pères Dominicains dans le Collège.

Après lequel arrêt, MM. les Commissaires nommés ayant fini leur travail et arrêté le projet des accords et traités à faire avec les religieux Dominicains, il aurait été tenu dans ledit Hôtel-de-Ville une seconde assemblée générale des Trois Ordres, qui, ayant examiné les susdits projets, aurait déterminé que le contrat serait incessamment dirigé et passé avec lesdits religieux Dominicains, et en conséquence de tout ce dessus, lesdites parties ont convenu de ce qui suit :

En premier lieu, que lesdits Pères Dominicains remplaceront incessamment dans le Collège de cette ville les ci-devant soi-disants Jésuites. A cet effet, ils tiendront exactement dans le Collége, un supérieur ou principal, un procureur sindic et un préfet, ensemble le nombre de cinq régents, savoir : un pour enseigner la réthorique, un autre pour enseigner la seconde, et les trois autres pour faire les basses classes de troisième, quatrième et cinquième ; ce qui forme en total le nombre de huit religieux qui seront tous prêtres ; et pour mettre lesdites classes en bon état et procurer le plus grand avantage dans l'instruction de la jeunesse, lesdits religieux Dominicains auront attention de se conformer à la méthode qu'on pratique dans les meilleurs Collèges, tant pour le choix des auteurs qu'on y explique que pour les autres exercices qui concernent les études, l'assemblée générale des Trois Ordres ayant pour principal objet que lesdits religieux Dominicains élevent leurs écoliers non seulement aux belles-lettres , mais surtout à la piété et à la religion.

Et d'autant que lesdits religieux Dominicains ont de tout temps enseigné publiquement la théologie et la philosophie dans le couvent qu'ils possèdent dans cette ville où l'université de leur ordre se trouve établie, et qu'indépendamment de ce, il y avait annuellement dans le Collège de la ville cy devant occupé par les soi-disants Jésuites, quatre professeurs, savoir : deux de théologie, un de physique, et un autre de logique, et qu'il n'est pas nécessaire que lesdits religieux Dominicains (qui auront seuls à l'avenir dans ladite ville l'instruction de la jeunesse) tiennent dans l'une et dans l'autre maison un si grand nombre de professeurs, il leur sera loisible d'enseigner la théologie et la philosophie dans leur ancienne maison, ou dans ledit Collège de la ville à leur choix, et suivant qu'ils trouveront être pour eux le plus commode et le plus convenable, pourvu néanmoins qu'ils aient annuellement, dans l'une ou dans l'autre desdites maisons, quatre professeurs, l'un de logique, le second de physique et les deux autres de théologie, et parmi ces derniers il y en aura toujours un qui dictera le matin et l'autre le soir. Mais chacun des professeurs de logique et de physique dicteront constamment matin et soir, le tout gratuitement et sans pouvoir exiger des écoliers aucune rétribution.

En second lieu, les fréquents changements de Régens ne pouvant produire qu'un très mauvais effet et causer beaucoup de dérangement dans les classes au préjudice de l'instruction et éducation de la jeunesse, il a été convenu que le régent de rhétorique sera tenu d'enseigner la même classe pendant dix ans, les régents de seconde et troisième chacun pendant huit ans, celuy de quatrième pendant six ans, et le régent de cinquième enseignera ladite classe pendant quatre années au moins : pourront néanmoins lesdits régents avant l'expiration desdits delais, en cas de maladie ou pour quelque autre raison extraordinaire qu'on ne peut prévoir, être remplacés par d'autres sujets habiles et capables, suivant que le Père provincial, toutefois de l'avis et consentement de son conseil de province, le jugera convenable.

Troisièmement, les classes de quelle espèce qu'elles soient s'ouvriront chaque année le lendemain de la Toussaint, et seront fermées vers la fin du mois d'Août, du moins pour les basses classes ; et il n'y aura de vacances pendant la tenue desdites classes que les jours de dimanches et des fêtes et le jeudi de chaque semaine, excepté que Messieurs les Consuls ne jugent à propos de donner d'autres jours de vacances dans des occasions extraordinaires et après en avoir délibéré ensemble.

Quatrièmement, lesdits religieux Dominicains ne pourront renvoyer et exclure les écoliers dudit collège ny desdites classes de théologie et de philosophie, dans le cas ou ils auraient à se plaindre d'eux, qu'après en avoir conféré avec les parents desdits écoliers ou leur avoir écrit ; et dans le cas où ce moyen ne suffirait pas pour corriger lesdits écoliers, lesdits pères Dominicains ne pourront les renvoyer desdites classes, soit de leur couvent soit dudit collège de la ville, sans en avoir conféré avec Messieurs les Consuls et leur consentement.

Cinquièmement, Messieurs les Consuls iront faire l'ouverture des classes dans le premier jour du mois de Novembre en la manière accoutumée, et après en avoir été priés la veille dans l'hôtel de ville par le principal suivant l'usage : ils pourront encore dans le cours de l'année aller en corps ou par députés faire la visite des classes tant dudit collège de la ville que celles qui se fairont dans l'ancien couvent desdits religieux Dominicains, et ce toutes les fois que Messieurs les Consuls le jugeront nécessaire pour le maintien du bon ordre et de la police et pour obliger les écoliers à rendre aux supérieurs, professeurs et régens desdites classes, la déférence et le respect qu'ils leur doivent : et afin que les classes de philosophie et de théologie qui se fairont dans l'ancienne maison des religieux Dominicains soient réputées faire partie et être une dépendance du collège de la ville, il a été arrêté que tous les discours d'ouverture, discours de cérémonie concernant lesdites classes de théologie et philosophie se prononceront dans ledit collège de la ville et que toutes les thèses tant de théologie que philosophie se soutiendront aussi dans le même lieu, à l'exception de celles que soutiendront les religieux étudians dudit ordre de Saint Dominique, et lesquelles seulement pourront être soutenues hors ledit collège de la présente ville, pourvu que dans le nombre des soutenans il ne se trouve aucun écoliers séculier.

Sixièmement, lesdits religieux Dominicains seront tenus de distribuer aux écoliers des cinq basses classes, de deux en deux ans, des livres pour prix, suivant le contrat de fondation consenti par M. de Sauveur, chanoine théologal de l'église saint Étienne, du 21 septembre 1636, retenu par Dufour, notaire royal, et ils employeront à cet effet pour chaque distribution desdits prix la somme de cent quatre vingts livres, ledit sieur de Sauveur ayant laissé au collège pour cela un capital portant annuellement quatre vingt dix livres d'intérêts ; et comme Messieurs les Consuls sont chargés par ledit acte de l'exécution de ladite fondation, ils ont été priés dans la dernière assemblée générale des Trois Ordres de veiller exactement à ce que la volonté dudit fondateur soit effectuée; de sorte que si les Pères Dominicains n'étaient pas exacts à s'y conformer, MM. les Consuls pourront les obliger à remplir ladite fondation, et d'autant que l'expédition du dit acte de fondation qui était dans les archives de l'hôtel de ville a été enlevée et soustraite depuis quelques années, et que lors de l'inventaire des papiers qui lui fait par MM. les officiers du sénéchal, en exécution de l'arrêt du vingt six mai dernier, il s'est trouvé dans les archives du Collège trois expéditions dudit acte, lesdits religieux Dominicains s'obligent de remettre à Messieurs les Consuls une desdites expéditions en bonne et due forme, d'abord après qu'il leur aura été fait main-levée des papiers dudit Collège, pour la susdite expédition et ce remise et rétablie dans lesdites archives du corps de ville.

Septièmement, si dans la suite le père Provincial des Dominicains à ce dument autorisé représente que lesdits religieux sont dans le cas de ne pouvoir ou de ne vouloir continuer l'exercice dudit Collège, il luy sera loisible de s'en dispenser et de vuider ledit collège en par luy avertissant un an d'avance ; à compter du jour de l'ouverture des classes, MM. les consuls qui requereront une assemblée générale pour pourvoir à leur remplacement de la manière qu'il a été pratiqué dans la présente circonstance et dans le cas aussi que lesdits religieux Dominicains ne remplissent pas toutes les conditions mentionnées au présent acte, il sera loisible à l'assemblée générale des Trois Ordres de les remercier, en les avertissant aussi un an aupaavant; mais tout ce dessus ne pourra être fait que sous l'autorité de la souveraine Cour de Parlement.

Huitièmement, pour faciliter l'établissement desdits religieux Dominicains dans le susdit Collège et acquitter les dettes passives, il a été convenu qu'on se pourvoiera en la Cour de Parlement, d'abord après l'ouverture des audiences pour obtenir la permission de vendre la métairie du Bédat, et du prix en provenant payer toutes les dettes criardes et arrérages de rente légitimement dûs, et sur ce qui restera il sera compté auxdits religieux Dominicains la somme de 1800 livres pour être par eux employée tant à l'achat des meubles qui pourront leur être nécessaires que pour fournir aux frais de la reconstruction de la cheminée de la cuisine dudit Collège, estimée 200 livres, et ce relativement au devis qui en a été fait ci devant par Gimbrède, architecte, à condition néanmoins que les Pères Dominicains seront tenus, supposé qu'ils cessent de régir ledit Collège, de laisser des meubles et effets pour la valeur de 1600 livres sans y comprendre ceux qui sont actuellement dans ledit Collège ; desquels ils pourront jouir après la levée du scellé pour les rendre et représenter dans l'état qu'ils se trouveront, lorsqu'ils cesseront d'occuper ledit Collège : et à l'égard du linge, ornements et vases sacrés servant au service divin qui sont dans ledit Collège, ils s'en chargeront lors de la vérification qui en sera faite sur les verbaux qui en ont été déjà dressés pour en laisser autant lorsqu'ils cesseront de tenir ledit Collège : et pour ce qui concerne la Bibliothèque dudit Collège il sera fait un état et inventaire des livres dont elle est composée et desquels lesdits religieux Dominicains seront chargés.

l'acte accordé que si après que lesdites dettes criardes seront acquittées et que la somme de 1800 livres cy-dessus exprimée, aura été remise et comptée auxdits religieux Dominicains, il reste quelque chose du prix de la vente dudit domaine du Bedat, ledit excédent sera employé à éteindre des capitaux de rente constituée dont ledit Collège se trouve redevable.

Neuvièmement, s'il plaît à Sa Majesté de continuer au Collège la pension de 3000 livres sur l'abbaye de Saint-Wast d'Arras, cette somme sera employée annuellement par lesdits religieux Dominicains au paiement des dettes dudit Collège, et seront tenus lesdits religieux de représenter chaque année à Messieurs les Consuls la quittance de l'emploi de ladite somme de 3000 livres et même de leur en donner une coppie certifiée du supérieur dudit Collège pour être déposée aux Archives de l'Hôtel de Ville ; et si ladite pension vient à prendre fin et que lesdits religieux acquittent les dettes restantes en tout ou en partie, ils auront autant d'hypothèque sur les biens dudit Collège, mais ils ne pourront sous aucun pretexte que ce puisse être, aliéner, échanger, ni hypothéquer les biens sans le consentement de l'Assemblée générale des Trois Ordres tenue aux formes ordinaires.

Et moyennant toutes les charges et conditions cy dessus énoncées, Messieurs les Consuls, de l'avis et consentement de Monseigneur l'Illustrissime et révérendissime Evêque et Comte d'Agen et de MM. les commissaires des Trois Ordres, suivant le pouvoir qui leur en a été donné dans les susdites assemblées générales, quittent et délaissent auxdits religieux Dominicains tous les biens, meubles et immeubles, voies, noms, raisons et actions dependant dudit Collège, en quoy que le tout puisse consister, sans en rien excepter ni réserver, pour en jouir pendant tout le temps qu'ils occuperont ledit Collège, ainsi et de la même manière qu'en jouissaient les cy devant soidisants Jésuites, en par lesdits religieux Dominicains payant et acquittant toutes les charges, ordinaires et extraordinaires, rentes et fondations légitimement dues par ledit Collège, à la charge encore de faire aux susdits biens, maisons, édifices et batimens quels qu'ils puissent être toutes les *réparations* tant groses que menues qui seront nécessaires, entretenir le tout en bons pères de famille, ne dégrader ni détériorer lesdits biens, mais au contraire les améliorer autant qu'il leur sera possible et que les revenus dudit Collège pourront le leur permettre .

Au surplus, il a été convenu et arrêté, conformément à la délibération de l'assemblée des Trois Ordres du treizième du présent mois, qu'il sera loisible à M. de Sevin de faire murer à ses frais et dépens une croisée ou fenêtre à deux battans, qui est audit Collège du côté du nord dans la chambre qu'occupait le Père Laborde, l'un des soi disants Jésuites, et laquelle fenêtre est vis à vis une lucarne qui est en haut d'un petit escalier conduisant aux greniers dudit de Sevin, qui pourra aussi faire murer la moitié d'une autre fenêtre ou croisée qui est à côté de la première tirant sur le couchant, à condition nécessairement que ledit sieur de Sevin laissera dans cette seconde fenêtre une ouverture suffisante pour éclairer le corridor ou vestibule qui y aboutit.

Et pour l'entretenement de tout ce dessus, lesdits sieurs Consuls ont affecté et hypothéqué tous les biens, meubles et immeubles dudit Collége, et ledit R. P. Garralon provincial et les autres religieux Dominicains cy dessus dénommés composant son Conseil, tous les biens de leur ordre qu'ils peuvent affecter et hypothéquer de droit.

Fait et passé audit Agen. lesdits jour, mois et an que dessus, en présence de Sieur Claude François Verjus et Me Jean Beyne, greffier, commis de l'hôtel de ville, témoins qui ont signé avec nous'; signés à l'original, l'Evêque d'Agen, Buard, chanoine, commissaire, Barbier, commissaire, Lamothe-Vedel, commissaire ; Rozier, chanoine, commissaire ; Frère Garralon, provincial des Frères-Prêcheurs ; Redon des Fosses, consul ; Mazet, Malebaysse, Deyries, Lamothe et Marcot, consuls ; Laboissiere, lieutenant principal ; Daubas; Costus; Boudon, Darriban, jurat commissaire ; Béry, jurat commissaire ; Benaud, jurat commissaire ; Sevin de Ganet, jurat commissaire ; Frère Joseph-Félix Fauché, docteur en théologie ; Frère Thomas Danglade, docteur en théologie et prieur du Couvent de cette ville ; Frère Bertrand Verdier, docteur en théologie ; Frère J. Dominique Gardès, bachelier en théologie et prieur du Port-Sainte-Marie ; Frère J. Sarlac, professeur de théologie ; Frère Sébastien Fréchou, professeur de théologie ; Frère Jean Rigal, professeur de philosophie ; Frère Duval, professeur de philosophie ; Vejus, Beyne et Matha, greffier secrétaire. Controllé à Agen, le 2 octobre 1762 ; reçu 240 livres y compris les 4 sols pour leure et 10 livres pour le sol pour livre d'augmentation au profit du Roy, sans préjudice du centime dernier de tous les biens immeubles situés dans l'arrondissement du bureau, et a signé : Marrot.

Nous, Conseiller du Roy, secrétaire greffier, garde des Archives de la ville et communauté d'Agen, certiffions avoir collationné la présente copie sur son original qui est devers nous, sans y avoir rien ajouter ny diminuer. — A Agen, le 20 mars 1781.

Boissié, Secrétaire général.

IV.

LETTRES

DE MONSEIGNEUR L'EVÉQUE D'AGEN A MONSEIGNEUR L'ARCHEVÊQUE DE REIMS [1].

I.

(Du 17 février 1765.)

« Je ne vous cacherai point, Monseigneur, que vous m'avés causé une grande inquiétude par la lettre que vous m'avés fait l'honneur de m'écrire, où vous m'apprenés le système de la commission pour le remplacement des Colléges, lequel est opposé à l'introduction des Réguliers dans ces maisons. Je crois y voir évidamment la ruine de toutes les écoles et les suites affreuses de l'ignorance qui s'emparera de la nation. Si l'autorité de tous les siècles, si l'usage de toutes les nations doit être compté pour quelque chose, s'il faut s'en tenir à tout ce qui a été fait de tout temps, à ce qui se fait aujourd'hui partout, le parti que l'on prend à cet égard ne peut être que pernicieux à l'éducation. En consultant l'histoire, nous trouvons que les monastères ont été dans l'Europe, non seulement les principales, mais les uniques écoles, où la jeunesse était élevée et formée. Les Capitulaires de Charlemagne, les différents Conciles qui se tinrent recommandent ces établissemens. C'est aux soins de cet empereur que les écoles de Tours, des deux Corbies, de Saint-Benoît d'Aniane, de Saint-Gal et beaucoup d'autres qui sont devenues très célèbres par la culture des siences et des grands hommes qu'elles ont formés, doivent leur établissement. On y mettait les enfans dès leur plus tendre jeunesse. C'est à ce monastère que l'on doit la conservation de tout ce qui nous reste des IX, X, XI et XII° siècles. Cluny dans

---

[1] Archives de l'Evêché d'Agen, F. 69. (Tirées du fonds de l'Intendance de Guienne à Bordeaux, n° 3295.) — L'archevêque de Reims était alors Charles-Antoine de La Roche-Aimon, qui occupa cette haute fonction du 2 décembre 1762 à 1776, et qui était en même temps aumônier du Roi.

le dixième, en même temps que plusieurs églises cathédrales qui étaient composées de religieux, soutint l'honneur des sciences. Depuis ce temps là, à mesure que les Ordres se sont établis, ils ont eu la direction des études et l'éducation de la jeunesse. Non seulement il n'en est né aucun désordre, mais on peut dire que sans leur secours, l'ignorance aurait couvert la face du royaume. Les deux derniers siècles qui se sont distingués par la culture des lettres nous présentent partout des Collèges donnés aux Ordres qui sont nés dans ce temps là : Jésuites, Pères de l'Oratoire, de la Doctrine chrétienne, nous leur devons tous notre éducation. Ce serait bien mal récompenser leur peine que de les exclure de cette administration. Les royaumes étrangers ont été et sont encore dans les mêmes principes. Si l'on se donne la peine, Monseigneur, de parcourir l'Espagne, l'Italie, le Portugal, etc., c'est dans les mains des religieux que la jeunesse est remise. Je mets en fait que sur vingt collèges, dix-neuf sont régis par des réguliers. Or, je dis, Monseigneur, ce qui a été fait de tout temps, ce qui se fait aujourd'huy en tout lieu, ou presque en tout lieu, mérite certainement une attention particulière. Voudrions-nous faire cette injure à tous les siècles qui nous ont précédé, à toutes les nations qui existent, et qui ont quelque réputation, de croire que nous seuls Français, ayons de l'esprit ? Que tout ce qui s'observe ailleurs est nuisible et doive être rejeté ? Nous sommes seuls de notre sentiment, Monseigneur, cela me fait peur. Nous n'avons besoin que de notre expérience journalière pour décider cette question.

Depuis la suppression des Jésuites on a travaillé à former des Collèges séculiers. Y en a-t-il un qui ait réussi ? Je n'en connais pas. Je vois qu'à Bordeaux et à Toulouse, deux villes des plus considérables du royaume, siège de deux parlemens, où il y a un grand nombre de magistrats éclairés, zélés, on a fait des efforts infinis pour établir des Collèges de Séculiers. Tout a été inutile. Les commissions, les arrêts, tous les soins ont été employés, et on n'y a vu que désordre entre les professeurs, rebellion des inférieurs, et, si j'ose le dire, des scandales. Ils se sont battus. Nulle subordination, nulle discipline, et enfin cela a fini par se séparer. Rien cependant n'a été épargné de ce qui pouvait contribuer à les maintenir, à les augmenter, à les faire fleurir ; de sorte que s'il n'y avait pas eu dans ces deux grandes villes d'autres Collèges, il n'y aurait point d'éducation pour la jeunesse.

Je vois tout au contraire que les Collèges remis à des Réguliers ont prospéré, ont fleury non seulement pour les lettres que je regarde comme le moindre objet, mais pour la discipline si nécessaire à former les jeunes gens. Le mien, établi à Agen trois mois après, est en plein exercice et n'a fait que se perfectionner depuis ce temps là. On y a fait l'augmentation d'un pensionnat. Tout s'y fait comme il s'y fesait du temps des Jésuites. Je vois de plus que la ville de Saintes a introduit dans son collège les Bénédictins, dont elle est très satisfaite ; en sorte que la jeunesse y trouve les secours nécessaires pour s'instruire et se former.

Voici donc mon raisonnement, Monseigneur : les collèges donnés aux Réguliers réussissent ; les collèges donnés aux Séculiers ne réussissent pas; au contaire, ils ne produisent que des désordres et, si j'ose le dire, que des scandales. J'en conclus qu'il faut pratiquer ce qui a été démontré bon par l'usage, qu'il faut rejeter ce qui a été démontré mauvais par l'usage. Notre expérience ajoutée à celle de tous les siècles passés et de toutes les nations présentes ne doit-elle pas former une raison décisive ? Et comment, Monseigneur, former des collèges de Séculiers ? où trouver les sujets nécessaires qui aient de la littérature et des mœurs ? Je ne trouverais pas dans tout mon diocèse de quoi former un régent de rhétorique, quoyque tous mes ecclésiastiques soient, grâces à Dieu, suffisamment instruits pour leur état et leurs fonctions. Mais il est si différent de faire un sermon, un prône un catéchisme, ou des vers et un thème, que l'on peut être très propre à l'un et inepte pour l'autre. Supposant même que j'eusse trouvé la quantité nécessaire de sujets pour les différentes places du Collège, si un sujet vient à manquer, comment le remplacer? Fairai-je passer d'une place de vicaire à la rhétorique et à la physique ? Cependant, Monseigneur, ce que je dis de mon diocèse, on peut le dire de tous les autres. Ce qui arrive à Bordeaux et à Toulouse doit arriver moralement dans toutes les grandes villes du royaume.

Si l'on continue donc dans le parti qu'on a pris, l'education tombe nécessairement. Peut-on y penser, Monseigneur, sans frémir. La vacance seule des collèges a déjà occasionné beaucoup de maux. On peut dire que ces trois ou quatre années, depuis les arrêts des Parlemens, ont formé une interruption considérable, que la génération présente s'en ressentira, que les plus belles années pour l'instruction, la docilité, depuis l'âge de dix ans jusqu'à quinze, n'ayant pas été remplies, sont totalement perdues pour les jeunes gens qui ne reprendront jamais à quinze ans ce qu'ils auraient fait avec plaisir à dix. Le même désordre, si l'on s'attache au présent système, se multipliera partout. Je ne vois qu'avec chagrin, Monseigneur, l'aversion qu'on a pris pour les Ordres religieux, comme si ce n'était pas à eux que nous devons tout ce que nous avons de parfait dans tous les genres. Ils ont parmi eux une discipline et une subordination, qui ne sera jamais parmi les Séculiers. Ils sont accoutumé à obéir, à respecter le supérieur. Ils sont formés à un corps de discipline auquel on n'assujetira jamais les Séculiers accoutumés à vivre dans l'indépendance. Leur institution leur donne une unité d'esprit, de principes, de pratique, qui entretien l'uniformité si désirable dans la société, avantage qu'on ne trouvera que chez eux. Le secours des bibliothèques, l'expérience des anciens, et enfin les moyens de fournir à ceux qui manquent, ou par la mort ou par les maladies, choses que je crois absolument nécessaires pour un Collège. D'ailleurs les religieux par leur institut ont besoin de beaucoup moins de secours ou de fournitures, étant élevés à la sobriété et à l'abstinence. Je ferais deux Collèges de religieux où je ne trouverais pas de quoy un Collège de Séculiers.

Toutes ces différentes raisons, Monseigneur, me persuadent qu'il n'y aura jamais de Collége, si l'on persévère dans le projet d'exclure les religieux. Ce sont là les réflexions que mon amour pour l'état, mon attachement pour le bien public et mon respect pour la religion m'ont dicté. J'ai rempli un devoir que je croyais essentiel en vous les exposant.

J'ai l'honneur d'être. etc.

II

Du même au même.

(Du 21 février 1765.)

« On ne peut être plus surpris, Monseigneur, que je le suis, à la réception de votre dernière lettre, par laquelle vous me mandés qu'on a besoin de l'avis du Parlement pour expédier nos lettres patentes. Cet avis du Parlement a été envoyé au moins trois ou quatre fois de ma part, et pour la dernière fois, il n'y a pas six semaines. Je l'ai adressé en divers temps à Monseigneur l'évêque d'Orléans, à M. le comte de Saint-Florentin, à M. Bertin et à M. Tabourot, rapporteur de la Commission, de sorte que je ne puis imaginer ce que toutes ces pièces sont devenues. Je me rappelle bien qu'ayant écrit à Monseigneur l'Evêque d'Orléans, il me renvoya à M. Tabourot, lequel m'assura qu'incessamment, je recevrais les Lettres patentes.

Pour venir au fait de cet établissement, dès que les Jésuites furent supprimés, sentant combien il était nécessaire de travailler à l'établissement d'un nouveau collège, tout occupé comme je devais l'être, pour fournir à l'éducation de la jeunesse d'une grand ville, je jetai les yeux sur la maison des Dominicains d'Agen qui me parut fournir mille facilités pour le remplacement du Collège. Ils étaient connus, aimés et estimés dans la ville, au fait de nos mœurs et de nos usages, du caractère des esprits ; toutes raisons qui me parurent très importantes dans cette conjoncture. Il est vrai que sentant que ma marche ne pouvait pas être utile sans le concours du Parlement, j'écrivis à M. le Premier Président, qui me manda qu'il y avait un éloignement dans la Compagnie pour choisir des religieux ; c'est ce qui m'obligea de faire un mémoire dans le moment, où je traitai la matière avec beaucoup d'étendue et concluais qu'il n'y avait point d'espoir de voir jamais un Collège à Agen, si l'on ne prenait le parti que je proposais. Mon mémoire ayant été lu aux Chambres assemblées, il intervint arrêt que, sur l'avis du sieur Evêque d'Agen, la communauté de cette ville serait autorisée à traiter avec les Dominicains. M. le premier Président et M. le Procureur général furent chargés de me l'annoncer. Malheureusement je n'ai point de copie de ce mémoire mais, en conséquence je convoquai, conformément à nos usages, ce qu'on appelle les États d'Agen, composés du clergé, de la magistrature et de la jurade. Ma proposition fut acceptée unanimement. On nomma des Commissaires pour dresser le contrat qui fut signé à l'évêché, envoyé au Parlement, homologué et ratifié pour être exécuté, sauf les lettres patentes qui seraient demandées au Roy. Nouvel arrêt qui, sur mon avis, met en possession les Dominicains, lesquels, trois mois après la suppression des Jésuites, ouvrirent publiquement le Collège, y firent les exercices, comme il se pratiquait sous les Jésuites, et se sont maintenus avec l'agrément de la ville et l'utilité de la jeunesse. Depuis ce temps là, le modèle des Lettres patentes a été dressé par la Commission de Parlement et envoyé à la Cour.

Que faut-il donc, Monseigneur, pour former un établissement, si toutes ces choses ne suffisent pas ? Facilité dans l'exécution, concours des deux autorités, délibération de la ville, prise de possession, exercice public non seulement sans aucun trouble, mais encore avec la protection du Parlement dans toutes les occasions. Je ne crois pas, Monseigneur, que s'il s'agit de mettre d'autres desservans dans le collège, je puisse jamais réussir à réunir tous les pouvoirs différens aussi facilement, aussi unanimement, aussi constamment. Les arrêts du Parlement qui doivent être chez M. Tabourot, contiennent les preuves décisives de tous ces faits et notoirement l'avis du Parlement énoncé par ces arrêts, que je serais bien en état de vous envoyer pour peu que vous jugiés que cela soit nécessaire. L'arrêt vaut bien un avis.

Je dis plus, Monseigneur, pour entrer dans la discussion du fonds, ajoutant à la lettre que j'eus l'honneur de vous écrire la semaine dernière, que si on prend le parti d'exclure les religieux des collèges, vous n'en verrés jamais un seul solidement établi. Point de sujets, point de revenus, par conséquent point de collège. Les sujets, où les prendre ? Le clergé séculier n'est point tourné aux belles-lettres, il ne s'y exerce point, il ne les a jamais apprises. Au sortir du collège, où à peine apprennent-ils un peu de latin, ils font leur théologie, puis leur séminaire ; ils prennent la prêtrise, puis ils sont employés dans les fonctions du ministère. Ce n'est pas en faisant le catéchisme à des paysans, à des artisans ou même à des bourgeois que l'on apprend Cicéron ou Quintilien. Mais quand même quelques uns d'entre eux, plus favorisés de la nature, auraient des talents propres à cette science, qui d'eux, Monseigneur, voudrait s'y appliquer ? Ils sont sûrs qu'en travaillant bien dans les vicariats où l'on les place, ils parviendront à des cures de douze à quinze cens francs, qui leur feront des établissemens solides, au lieu que, de l'autre coté, tout est incertain. Ils ne sont point sûrs de parvenir ; ils ne sont point sûrs de rester. Le caprice d'un bureau auquel ils seront soumis peut les renvoyer, peut leur faire perdre tout d'un coup leur subsistance et leur état. Quelle folie pour eux de s'exposer à ce changement, de vivre dans une continuelle inquiétude pour l'avenir !

Mais supposant même, Monseigneur, qu'on réussit à trouver des sujets qui voulussent se mettre au-dessus de ces craintes si probables, si la mort les enleve, si l'infirmité les attaque, si le degout les prend, où pourrai-je trouver de quoi remplacer ceux qui abandonneront ? Il faudrait pour cela avoir une pépinière toujours prête pour fournir aux manquemens, ce qui ne se peut pas. Il n'est pas nécessaire que je dise qu'aucun de ces inconvénients n'est à redouter parmy les religieux. La certitude d'être employés dans un collège, l'espérance d'être employés utilement et honorablement, les secours des anciens, les bibliothèques de leurs maisons, les tournent à la littérature et leur font cultiver des talens qui seraient restés dans l'obscurité et dans l'inaction. Si un sujet manque, la communauté en fournira un autre.

Mais de plus, Monseigneur, où trouver des revenus pour l'honoraire des professeurs ? Quand je demande douze cens livres pour un séculier, je ne sais si je demande plus qu'il faut. Calculons : cinq cens francs pour sa nourriture ; il luy faut un domestique, un entretien, quelque chose pour les douceurs ; en vérité, sept cens francs ne vont pas bien loin pour tous ces objets, surtout si on y comprend des cas fortuits journaliers ou vraysemblables, comme maladies, etc. Or, j'ay douze prêtres dans mon collège, lesquels à douze cent francs font près de quinze mille francs. Je ferai mon collège à moitié moins si j'ai des religieux. Sans compter, Monseigneur, que ne trouvant pas des sujets dans les provinces, point fixé d'où il faut partir, il faudra les tirer de Paris. Quel dédommagement ne faudra-t-il pas donner à un sujet établi dans cette ville pour venir en province, pour quitter ses habitudes, changer de coutume, vivre dans un pays entièrement inconnu pour luy ? Tout cela forme un tas de difficultés, qu'on ne peut lever que par beaucoup d'argent que nous n'avons pas. Le second point est prouvé : point de revenus. J'ai ajouté à l'autre, point de sujets ; il en résulte manifestement, point de collège. Proposition qui me fait frémir.

Et pourquoy, Monseigneur, nous troubler à Agen dans l'état tranquille où nous sommes ? Pourquoy vouloir renverser un établissement formé par le concours des deux autorités, chose malheureusement si rare dans le siècle présent ? Quand il n'y aurait de perdu que le temps qu'il faudra nécessairement pour chercher, pour trouver, pour engager des sujets, pour faire un corps de discipline, pour donner le ton nécessaire à tout cela, ce serait déjà une grande peine. Je vous prie très humblement, Monseigneur, de vouloir bien faire réflexion sur ce que je viens de vous exposer, que je crois de la dernière importance, si l'éducation de la jeunesse doit être regardée comme quelque chose d'important.

Vous me mandés, Monseigneur, que vous ne savés ce qu'est devenu le revenu du collège que vous faites monter à plus de sept mille francs. L'extrait de la délibération du dernier bureau que j'ai tenu pour l'administration du collège le fait monter à deux mille quatre cens livres, sur le rapport des commissaires qui avaient été nommés et la discussion du bureau. Cependant la loy naturelle demande que la subsistance soit accordée à celuy qui travaille. Je la demande pour des ouvriers chargés d'une pesante besogne, et qui le font, au contentement des intéressés. Vous êtes trop rempli d'équité et d'humanité pour n'être point de mon avis.

Permettés moy, Monseigneur, de dire un mot pour ce qui me regarde. Vous m'avés écrit dans la dernière de vos lettres quelque chose qui m'a paru un peu louche sur mes dispositions. Comme si mon ardeur pour établir un nouveau collège pouvait être soupçonnée d'éloignement pour les anciens qui le tenoient avec l'acte du Parlement. Ma délicatesse sur ce point là ne peut souffrir aucun doute. Je fais gloire d'être membre, quoique très petit membre, du clergé de France et d'adhérer à des sentiments qu'il a rendus si publics. J'en prendrai occasion de vous envoyer la seule des lettres qui me reste de celles que j'ay écrit dans le temps de cette affaire et dont j'ay une copie, qui, je crois, faira la preuve de mes sentiments.

J'ay l'honneur d'être, etc.

V.

LETTRES PATENTES

PORTANT CONFIRMATION DE L'ÉTABLISSEMENT ANCIEN DU COLLÉGE D'AGEN,

LA FORME ET LA MANIÈRE DE SON ADMINISTRATION,

Données à Versailles le deuxième Mai M.DCC.LXVII.

(A Agen, chez Jean Noubel, seul imprimeur-libraire de la ville et du collège [1].)

Louis, par la grâce de Dieu, Roi de France et de Navarre, à tous ceux qui ces présentes lettres verront, salut. Les mémoires qui nous ont été présentés, en exécution de notre édit du mois de février 1763, par notre amé et féal le sieur de Chabannes, Evêque de notre ville d'Agen, et par les administrateurs du Collège qui y a été anciennement établi, nous ont determiné à conserver et à munir du sceau de notre autorité un établissement dont l'expérience a justifié l'utilité et qui nous a paru mériter notre protection. Nous avons cru devoir prendre en même temps les mesures nécessaires

---

[1] Archives municipales, GG. 214.

pour y rendre l'éducation encore plus parfaite, en y faisant observer les règles auxquelles nous avons assujetti les autres Collèges de notre royaume; et si les vues que nous nous sommes proposées par nos Lettres Patentes du 2 février 1763 nous ont obligé de suspendre pendant un tems une partie de l'enseignement que nous y avons établi, Nous ne pouvons douter que la bonne administration qui aura lieu dans ledit Collège, ne le mette en état de faire face plus aisément par la suite à une dépense que nous avons cru devoir laisser à ses administrateurs le soin de régler. A ces causes et autres à ce nous mouvant, de l'avis de notre conseil et de notre certaine science, pleine puissance et autorité royale, nous avons ordonné, et par ces présentes signées de notre main, ordonnons, voulons et nous plait ce qui suit:

Article Premier.

Le Collège de notre ville d'Agen sera et demeurera conservé, confirmant, en tant que besoin est ou serait, l'établissement ancien dudit Collège.

Article II.

Ledit Collège sera composé d'un principal, d'un sous-principal, de deux professeurs de théologie, de deux professeurs de philosophie, d'un professeur de rhétorique, et de cinq régens pour les seconde, troisième, quatrième, cinquième et sixième classes.

Article III.

Les honoraires du Principal seront et demeureront fixés à douze cents livres; ceux du sous-Principal, des deux professeurs de théologie, des deux professeurs de philosophie et du professeur de rhétorique à mille livres chacun; ceux du regent de seconde, à huit cent livres; ceux du régent de troisième, à sept cent livres; ceux du régent de quatrième, à six cent livres; ceux du régent de cinquième, à cinq cent livres; et ceux du régent de sixième, à quatre cent livres, le tout par an.

Article IV.

Voulons toutefois qu'il soit sursis à l'établissement des professeurs de théologie et du Principal jusqu'à ce que l'augmentation des revenus du Collège puisse permettre de remplir lesdites places, ce qui ne pourra être fait qu'en vertu d'une délibération du bureau d'administration dudit Collège, prise à la pluralité des deux tiers de voix et homologué en notre cour de Parlement de Bordeaux, à la requête de notre Procureur général et sans frais.

Article V.

Lesdites places de Principal, sous-Principal, professeurs et régens seront remplies par des personnes ecclésiastiques ou séculières, et l'enseignement sera gratuit dans ledit Collège, et conforme aux usages et méthodes de l'Université de notre ville de Bordeaux.

Article VI.

Il pourra être accordé par les administrateurs dudit Collège auxdits Principal, sous-Principal, professeurs et régens, après vingt années de service, en cas que les revenus du Collège le permettent, une pension émérite qui demeura fixée à la moitié des honoraires de celui qui demandera ladite pension, sans qu'elle puisse toutefois excéder la somme de quatre cent livres. Permettons même auxdits administrateurs de la leur accorder avant l'expiration desdites vingt années, en cas qu'il ait été jugé, à la pluralité des deux tiers de voix dans l'assemblée qui sera convoquée à ce sujet, que les infirmités de celui qui demandera ladite pension le mettent entièrement hors d'état de continuer ses fonctions, et qu'il les a remplies jusque là à la satisfaction desdits administrateurs et du public.

Article VII.

Il pourra être établi un pensionnat dans ledit Collège, en la forme et ainsi qu'il est porté par l'article XXIV de notre édit du mois de février 1763.

Article VIII.

Les cures de Preissas, de Longratte et de Saint-Eutrope de Scandailhac, demeureront unies audit Collège, ainsi que les prieurés de Marmande, de Puiguirand, de Clermont, de Tombeboeuf et de Marsac, confirmant en tant que de besoin, l'union qui en a été anciennement faite audit collège en faveur de l'éducation ; et imposant silence à notre procureur-général et à tous autres qui voudraient attaquer lesdites unions sous quelque pretexte que ce puisse être.

Article IX.

Voulons néanmoins que les biens et revenus dépendans desdites cures et desdits prieurés continuent d'être régis et administrés jusqu'au premier janvier prochain par l'Econome sequestre établi par nos Lettres patentes du 2 février 1763 ; après lequel jour, ils seront régis par les administrateurs dudit Collège, ainsi que le surplus de ses biens, en la forme prescrite par notre édit du mois de février 1763, à la charge toutefois d'entretenir les baux qui en auraient été faits pendant la régie de l'économe sequestre.

Article X.

Seront néanmoins tenus lesdits administrateurs de remettre annuellement pendant trente années, à compter dudit jour, 1er janvier prochain, sur les revenus desdits bénéfices unis, entre les mains dudit économe sequestre, une somme de douze cents livres, franche et quitte de toutes charges, pour être ladite somme employée, ainsi qu'il sera par nous réglé, aux vues que nous nous sommes proposées par nosdites Lettres-patentes du 2 février 1763.

Article XI.

N'entendons porter aucun préjudice par les dispositions de nos présentes lettres aux fondations bien et valablement établies, dont les biens dudit Collège se trouveraient chargés, à la conservation desquelles il sera pourvu par notre Cour de Parlement de Bordeaux, sur la requète de notre procureur général ou des parties intéressées, ainsi qu'il appartiendra.

Article XII.

Tous les titres et papiers qui pourront concerner ledit Collège lui seront remis et placés conformément à ce qui est porté par l'article VIII de notre édit du mois de février 1763 ; à l'effet de quoi tous dépositaires seront contraints, quoi faisant décharges.

Article XIII.

Voulons au surplus que ledit Collège soit en tout régi gouverné et administré en la forme et suivant les règles prescrites par notre édit du mois de février 1763, qui y sera exécuté suivant la forme et teneur. Si donnons en mandement à nos amés et féaux conseillers les gens tenans notre Cour de Parlement à Bordeaux, que ces présentes ils aient à faire régistrer, et le contenu en icelles exécuter selon sa forme et teneur ; car tel est notre plaisir ; en témoin de quoi nous avons fait mettre notre scel à cesdites présentes.

Donné à Versailles, le deuxième jour du mois de mai l'an de grace mille sept cent soixante sept, et de notre règne le cinquante-deuxième. Signé : Louis, et plus bas, par le Roi, Signé : Bertin. Et scellées du grand sceau de France sur cire jaune à queue pendante.

(Enregistrées au greffe de la Cour de Bordeaux, le 2 juin 1767.)

VI.

LETTRES PATENTES

DU ROI, CONCERNANT L'ÉTABLISSEMENT DE LA CONGRÉGATION DES PRÊTRES
DE L'ORATOIRE DANS LE COLLÈGE D'AGEN

(Du 20 Juillet 1781. — Enregistrées au Parlement de Bordeaux.
le 17 Août suivant[1]).

« Louis, par la grace de Dieu, roi de France et de Navarre, à tous ceux
qui ces présentes lettres verront; salut. — Toujours occupé des moyens
de perfectionner de plus en plus l'éducation de la jeunesse dans notre
royaume, nous avons pris en considération les instances du sieur Evêque
et des différents corps de notre ville d'Agen, pour qu'il nous plut d'en confier le Collège à la congrégation des Prêtres de l'Oratoire. Nous espérons du
zèle et des soins de cette congrégation, que ce changement, dont nous avons
reconnu l'utilité, sera aussi avantageux qu'il l'a été dans plusieurs autres
établissements. Notre choix sera pour la congrégation un motif de se rendre de plus en plus utile à l'éducation publique, et pour la ville d'Agen, un
témoignage de notre affection. Nous avons en même temps assuré aux maîtres qui occupent actuellement ledit Collège, des pensions proportionnées à
la durée de leurs services.

A ces causes et autres à ce nous mouvant, de notre certaine science,
pleine puissance et autorité royale, nous avons ordonné et par ces présentes
signées de notre main, ordonnons. voulons et nous plaît ce qui suit :

ARTICLE PREMIER.

Le Collège, établi en la ville d'Agen et confirmé par Lettres pattentes du
2 mai 1767, sera, à compter du 1er septembre prochain, desservi à l'avenir,
et jusqu'à ce que nous en ayons autrement ordonné, par la Congrégation des
Prêtres de l'Oratoire, qui enseignera gratuitement et pourra y établir un
pensionnat, avec les maîtres et sous-maîtres nécessaires.

ARTICLE II.

Ledit Collège sera composé d'un supérieur, d'un préfet des classes, d'un
professeur de théologie, de deux professeurs de philosophie, d'un professeur de rhétorique, de cinq regens pour les seconde, troisième, quatrième,

---

[1] Archives municipales, GG., 210.

cinquième, et sixième classes, d'un régent destiné à suppléer ceux qui seraient hors d'état de remplir leurs fonctions, et d'un procureur économe. Pourra néanmoins le professeur actuel de théologie continuer ses fonctions tant qu'il plaira au sieur Evêque d'Agen et en conserver les honoraires actuels, qui lui seront payés par la Congrégation, et seront convertis, en cas de retraite ou démission dudit professeur en une pension de quatre cens livres, qu'il recevra par chacun an de ladite Congrégation, jusqu'à ce qu'il soit pourvu d'un bénéfice de quinze cens livres de revenu. Audit cas de retraite ou démission, la Congrégation fournira un professeur de théologie, ou même deux si le sieur Evêque le juge nécessaire pour le bien de son diocèse, en se conformant aux articles X, XII, XIII et XIV de notre édit du mois de février 1763.

ARTICLE III.

Il sera établi dans ledit Collège, le plutôt possible et au plus tard lors de l'extinction de la redevance annuelle de douze cens livres qu'il est tenu de payer à l'économat, suivant l'article X des Lettres patentes du 2 mai 1767, une leçon gratuite de mathématiques, quatre jours de la semaine; et jusques là le professeur de physique expliquera à ses écoliers les éléments du calcul et de la géométrie.

ARTICLE IV.

Le bureau d'administration établi pour le Collège d'Agen cessera d'en régir et administrer les biens, à compter du 1er septembre prochain, après lequel temps, il ne pourra exercer aucune inspection, surveillance ou autorité sur ledit Collège, ou sur ses biens, ni même s'assembler, si ce n'est pour l'apurement du compte du receveur, lequel sera incessamment rendu au bureau et par lui clos et arrêté, et le reliquat dudit compte sera remis, à l'instant de son arrêté, au fondé de pouvoir de la Congrégation de l'Oratoire et sous son récépissé; ledit compte, qui contiendra en détail tous les revenus du Collège, sera fait quadruple, pour l'un être déposé au greffe du bailliage d'Agen, le second, avec les pièces justificatives, aux Archives de l'Hôtel de Ville, le troisième remis au comptable pour sa décharge, et le quatrième au fondé de pouvoir de la Congrégation de l'Oratoire et, après que ledit compte aura été arrêté, le bureau d'administration sera et demeurera entièrement supprimé.

ARTICLE V.

La Congrégation de l'Oratoire, aura, à compter dudit jour, 1er septembre prochain, et tant qu'elle sera chargée de l'enseignement dans ledit Collège, l'administration et la jouissance en tous fruits et revenus, des batiments dudit Collège des huit maisons louées qui y sont adjacentes, et

de tous les biens dont il jouit et doit jouir, sans en rien excepter et tels·
qu'en ont joui ou dû jouir ceux par qui il a été occupé jusqu'à présent,
même des douze cens livres que le Collège paie annuellement à l'Econo-
mat, à l'expiration du terme pendant lequel cette redevance doit avoir cours ;
dans le cas où il serait fait par la suite audit Collège des donations pour
fondations ou autrement, la Congrégation n'en jouirait qu'autant qu'elle y
serait autorisée par une délibération qui serait prise à cet effet par les officiers municipaux. Elle sera ainsi tenue des réparations, reconstructions
et entretien des batimens dudit Collège et des biens en dépendant.

Article VI.

Les biens dudit Collège seront distincts et séparés des autres biens de
ladite Congrégation, pour la nue-propriété desdits biens demeurer affectée
à toujours à l'enseignement ; et dans le cas où nous jugerons à propos de
substituer à ladite Congrégation d'autres instituteurs dans ledit Collège,
elle sera tenue de rendre lesdits biens dans l'état auquel ils lui auront été
remis le jour de sa prise de possession, sans qu'elle puisse demander aucune indemnité ou remboursement pour les constructions nouvelles ou amé-
liorations qui s'y trouveraient, à moins qu'elles n'aient été faites du consentement des officiers municipaux, avec notre permission, et qu'elle ne
justifie y avoir employé des deniers non provenans dudit Collège.

Article VII.

Ladite Congrégation sera mise en possession, le 1er septembre prochain,
des biens et batimens du Collège par les officiers municipaux ou leurs députés, lesquels dresseront avec le fondé de pouvoir de la Congrégation un
procès-verbal de l'état des biens, pour lequel il sera commis deux experts,
l'un par les officiers municipaux ou leurs députés, et l'autre par le fondé
de pouvoir de la Congrégation pour la visite des batimens et héritages
dépendans du Collège ; lesdits experts prêteront serment entre les mains
du lieutenant général du bailliage d'Agen, et le rapport de leur visite contiendra la description de tous les biens fonds, droits réels et capitaux de
rentes dont la Congrégation sera mise en possession, avec l'état du revenu
actuel desdits biens et de leurs charges ; le tout aux frais dudit Collège.
Ledit procès-verbal sera fait triple pour l'un être déposé au greffe du bailliage, l'autre aux Archives de l'Hôtel de ville, et le troisième au fondé de
pouvoir de la Congrégation.

Article VIII.

Tous les vases sacrés, ornemens d'église, meubles et effets mobiliers
qui peuvent appartenir audit Collège, ensemble tous les titres et papiers
d'icelui, même registres du bureau d'administration, seront pareillement

remis par ledit bureau au fondé de pouvoir de la Congrégation, après qu'il en aura été fait inventaire, contenant estimation. Ledit inventaire sera fait triple pour être déposé et remis comme il est ordonné par l'article précédent ; et, dans le cas où ladite Congrégation cesserait d'occuper ledit Collège, elle sera tenue de remettre lesdits effets avec la valeur d'iceux, ensemble tous lesdits titres, papiers et documents.

ARTICLE IX.

Ladite Congrégation sera tenue de payer annuellement sur le produit des biens et revenus dudit Collège, aux principal, professeurs et régens qui y sont actuellement en exercices, la somme de deux mille trois cens livres que nous leur avons accordée et accordons par forme de récompense et à titre de pension, laquelle somme sera répartie entre eux relativement à la durée des services de chacun d'eux, suivant l'état annexé sous le contre scel des présentes, pour leur être lesdites pensions payées, sans aucune retenue, de six mois en six mois et par avance, tant qu'ils ne seront pas pourvus de bénéfices ou d'emploi de mille livres de revenu annuel ; auquel cas la pension de celui qui ssra pourvu, sera réduite à moitié.

ARTICLE X.

Sera tenue ladite Congrégation de se pourvoir à ses frais de tous les meubles et ustensiles nécessaires pour la tenue du pensionnat, lorsqu'il pourra être ouvert, et pour celle du Collège audit jour 1er septembre prochain, même de pourvoir à la nourriture et autres dépenses des sujets à établir pour la tenue du Collège, jusqu'à l'échéance des fermes et revenus, sans pouvoir exiger d'autres fonds que ceux du reliquat du compte du receveur ; et pourra à cet effet emprunter, si bon lui semble, jusqu'à la concurrence de la somme de cinquante mille livres, si tant est besoin, auquel effet nous autorisons ladite Congrégation à emprunter, ainsi qu'elle l'avisera, même à rente viagère, la somme de cinquante mille livres, à affecter et hypothéquer audit emprunt, jusqu'à concurrence de ladite somme, les biens dudit Collège, à la charge par elle de payer et acquitter les intérêts dudit emprunt et d'en amortir et rembourser les capitaux dans cinquante années à compter de l'époque de l'extinction de la moitié des pensions que nous avons accordées aux principal, professeurs et régents dudit Collège par l'article ci-dessus ; du remboursement duquel capital la Congrégation sera tenue de justifier aux officiers municipaux tous les dix ans pour la portion qui devra être remboursée pendant lesdites dix années ; et, où la Congrégation cesserait de tenir ledit Collège, tous les meubles et effets qui s'y trouveraient alors appartiendraient à ladite Congrégation, en justifiant par elle du remboursement des capitaux empruntés ; et, dans le cas où le remboursement ne serait pas fait, sera tenue ladite Congrégation d'y pourvoir sur

ses biens propres, ou de laisser audit Collège des meubles et effets d'une
valeur égale, à dire d'experts, à la somme qui restera encore à rembourser
pour éteindre les capitaux provenans dudit emprunt, dont les contrats seront homologués en notre Cour de Parlement sans frais.

Article XI.

Ladite Congrégation sera chargée de la police et discipline intérieure du
Collège, qui sera soumise à la juridiction des juges ordinaires, sans préjudice des droits qui appartiennent à l'Evêque diocésain et de ceux des officiers municipaux.

Article XII.

La méthode des Universités de notre royaume sera suivie dans le Collège
d'Agen : l'ouverture des classes s'y fera le 3 novembre de chaque année ;
elles finiront la veille de Notre-Dame de Septembre ; sera au surplus l'article 16 de l'Edit de février 1763 exécuté en ce qui concerne les heures et
la durée des classes, et les congés qui seront réglés par le sieur Evêque, le
lieutenant général du bailliage, le maire de la ville et le supérieur du Collège, assemblés à cet effet dans une salle du Collège, lesquels fixeront
aussi le jour et l'heure de la distribution générale des prix, qui toutefois ne
pourra se faire avant le 15 du mois d'août. Les officiers municipaux y seront
invités par le Supérieur ou autre prêtre de la maison; ils le seront également à la messe du Saint-Esprit, et aux discours et harangues de la rentrée
des classes.

Article XIII.

Toutes les fois que les officiers municipaux iront, suivant l'usage, au
Collège en corps ou par députés, ils seront reçus à la porte du Collège par
le Supérieur ou son représentant, et reconduits de même; quelques jours
avant le Carême, le Supérieur ira à l'Hôtel de Ville pour convenir avec
lesdits officiers municipaux du jour auquel ils se rendront au Collège,
pour la visite qu'ils auront droit d'y faire; ils y seront reçus par le Supérieur, comme dit est, conduits par lui dans toutes les classes, et reconduits
de même par le Supérieur et par les professeurs et régens, qui suivront à
mesure que l'on sortira de leurs classes. Les écoliers auront congé dès ce
moment, et rentreront le jour qui sera indiqué par les officiers municipaux, lesquels pourront, lors de cette visite, donner un jour de congé seulement.

Article XIV

La distribution des prix se fera dorénavant toutes les années. Il y sera
employé la somme de quatre-vingt-dix livres, portée par la fondation du sieur
Saulveur, dont copie est annexée sous le contre-scel de ces présentes. La
liste des livres qui seront distribués, sera présentée quelques jours auparavant aux officiers municipaux, comme exécuteurs de ladite fondation, par le

Supérieur ou autre maître du Collège. Ladite somme de quatre-vin[gt]
livres sera augmentée de celle de cent dix livres, aux frais du Collège
que l'extinction des pensions viagères le permettra.

ARTICLE XV

Il ne sera fait aucune aliénation des biens dudit Collège, et ils ne [pour]
ront être affectés ni hypothéqués à aucun autre emprunt que celui [men]
tionné en l'article X ci-dessus, à moins que ce ne soit du consentemen[t des]
officiers municipaux et que nous n'ayons autorisé leurs délibérations [à cet]
égard par Lettres Patentes duement enregistrées en notre dite Cou[r de]
Parlement.

ARTICLE XVI

Il sera, en 1791, et ensuite tous les dix ans, procédé sans frais, en [pré]
sence du Supérieur du Collège ou d'un fondé de pouvoir, par deux dé[putés]
nommés à cet effet par les officiers municipaux, à la visite des bâtimen[ts et]
biens appartenant audit Collège, et, où il se trouverait auxdits bien[s des]
réparations ou dégradations considérables, il en sera dressé procès-v[erbal]
aux frais de ladite Congrégation, pour y être pourvu par les voie[s de]
droit.

ARTICLE XVII

Il ne pourra être prétendu, à raison de l'exécution des présentes, au[cun]
droit d'amortissement, controlle, centième denier, marc d'or, mutat[ion,]
lods et ventes, ou autres de quelque nature que ce soit, dont nous av[ons]
dispensé et dispensons ladite Congrégation.

ARTICLE XVIII

Seront au surplus nos Lettres-Patentes du 2 mai 1767 exécutées selon [leur]
forme et teneur, en tout ce qui n'est pas contraire aux dispositions co[nte]
nues en ces présentes.

Si donnons en mandement à nos amés et féaux Conseillers, les gens [te]
nant notre Cour de Parlement à Bordeaux, que ces présentes ils aien[t à]
faire régistrer et le contenu en icelles observer et exécuter suivant leur f[or]
me et teneur; car tel est notre plaisir. En témoin de quoi, nous avons [fait]
mettre notre scel à cesdites présentes.

Donné à Versailles, le vingtième jour de juillet, l'an de grâce mil s[ept]
cent quatre-vingt-un, et de notre règne le huitième. Signé LOUIS. Et p[lus]
bas. Par le Roi, GRAVIER DE VERGENNES.

Agen, Imprimerie V⁰ Lamy, rue Voltaire, 43.

www.ingramcontent.com/pod-product-compliance
Lightning Source LLC
LaVergne TN
LVHW012333170726
843503LV00002B/828